시로 풀어 본

반야심경

시로 풀어 본 반야심경

초판 1쇄 인쇄　2008년 10월 17일
초판 1쇄 발행　2008년 10월 27일

지 은 이　황동욱
펴 낸 이　손형국
펴 낸 곳　(주)에세이퍼블리싱
출판등록　2004. 12. 1(제315-2008-022호)

주　　소　157-857 서울특별시 강서구 방화3동 822-1 화이트하우스 2층

홈페이지　www.essay.co.kr
전화번호　(02)3159-9638~40
팩　　스　(02)3159-9637

ISBN 978-89-6023-201-3 03810

시로 풀어 본

반야심경

황동욱 지음

ESSAY

시인의 말

어릴 때부터 시에 뜻을 둔 소년이 있었지요. 중학교, 고등학교 때는 문예반에서 활동하기도 하였지만, 대학진학이나 생업 전선에 뛰어들면서 문학도로서 진출하려는 뜻은 접게 되었지요. 그러나 매년 가을이 되면 가슴은 두근거리고 머리는 뜨거워지는 열병을 앓곤 했지요. 그러면서 시에 대한 열정을 항상 마음으로 태우면서 혼자 습작하는 버릇이 있었지요.

이제 그 소년은 지천명의 나이가 되어 "시로 풀어 본 반야심경"이라는 시 아닌 시를 가지고 책을 내면서 문학도로서 데뷔하려 합니다. 이 글은 대입수험생인 둘째를 위하여 백일기도를 하는 아내를 기려 부랴부랴 쓴 것이기 때문에 완성도도 떨어지고 내용도 미진할 것으로 생각합니다. 부끄럽고 소졸함이 하늘에 닿으나, 시란 언제나 미완을 완성하기 위한 작업임을 떠올리면서 이 글을 내놓으려 합니다.

마하반야바라밀다심경은 불교 종지의 총화라는 말이 있듯이 그 한 글자, 한 글자가 모두 심오한 의미를 담고 있는 경전이라고 알고 있습니다. 그래서 그 한 글자, 한 글자를 소재로 세속의 일들을 엮어 시로 그릴려고 하였는데 마음먹은 대로 되지 않은 것도 사실입니다. 그러나 아내와의 약속을 위하여 성급하더라도 책으로 엮게 되었는지라, 그에 의미를 두려 합니다.

모쪼록 많이 읽어 주시고, 미흡한 점을 질책해 주시면 더없이 영광으로 알겠습니다.

2008년 10월

황동욱

차례

摩訶般若波羅蜜多心經
마 하 반 야 바 라 밀 다 심 경

觀自在菩薩　行深般若波羅密多時　照見五蘊皆空　度一切苦厄
관자재보살　행심반야바라밀다시　조견오온개공　도일체고액

舍利子　色不異空　空不異色　色卽是空　空卽是色　受想行識 亦復如是
사리자　색불이공　공불이색　색즉시공　공즉시색　수상행식 역부여시

舍利子　是諸法空相　不生不滅　不垢不淨　不增不減
사리자　시제법공상　불생불멸　불구부정　부증불감

是故　空中無色　無受想行識　無眼耳鼻舌身意
시고　공중무색　무수상행식　무안이비설신의

無色聲香味觸法　無眼界　乃至 無意識界
무색성향미촉법　무안계　내지 무의식계

無無明　亦無無明盡　乃至無老死　亦無老死盡
무무명　역무무명진　내지무노사　역무노사진

無苦集滅道　無智亦無得　以無所得故
무고집멸도　무지역무득　이무소득고

菩提薩陀　依般若波羅密多 故心無罣碍 無罣碍故
보리살타　의반야바라밀다 고심무가애 무가애고

無有恐怖　遠離顚倒夢想　究竟涅槃
무유공포　원리전도몽상　구경열반

三世諸佛　依般若波羅密多　故得阿耨多羅三漠三菩提
삼세제불　의반야바라밀다　고득아뇩다라삼먁삼보리

故知般若波羅密多　是大神呪　是大明呪　是無上呪
고지반야바라밀다　시대신주　시대명주　시무상주

是無等等呪　能除一切苦　眞實不虛　故說般若波羅密多呪 卽說呪日
시무등등주　능제일체고　진실불허　고설반야바라밀다주 즉설주왈,

揭諦揭諦 波羅揭諦 波羅僧揭諦 菩提 娑婆訶
揭諦揭諦 波羅揭諦 波羅僧揭諦 菩提 娑婆訶
揭諦揭諦 波羅揭諦 波羅僧揭諦 菩提 娑婆訶
아제아제 바라아제 바라승아제 모지 사바하
아제아제 바라아제 바라승아제 모지 사바하
아제아제 바라아제 바라승아제 모지 사바하

摩訶

선달 그믐날 밤
칼바람 속에서
바위 틈새에 촛불 켜고
내년에도 아들 딸 건강과
소원성취를 비시던
울 어무이 마음이 이와 같으리

한여름 뙤약볕 아래서
일을 하시다가
배고프다고 칭얼대는 아들에게
마저 남은 삶은 감자 한 알을 건네주시곤
주린 배 도랑물로 채우시던
울 어무이 마음이 이와 같으리

추석 전날 아들에게
한가위 빔을 사 주시곤
당신의 내의를 기우시며
한가위 빔을 입고 좋아하는
아들을 바라보며 미소 지으시던
울 어무이 마음이 이와 같으리

읍내 장에서 장보기를 마친 후
장터 모서리 국밥집에서
배고프다고 징징거리는 아들에게
국밥 한 그릇을 사 주시곤
말없이 물이나 들이켜시며
배부르다 미소 지으시던
울 어무이 마음이 이와 같으리

어렵고 힘든 고비마다
술 한잔 들이켜고
천근의 어둠이 내리 누르는 독방에 홀로 앉아
뼈 속으로 눈물을 삼키며 불러보던
울 어무이, 당신의 마음이 이와 같으리

般若(1)

아들이 어머니 돈주머니에서
십원 짜리 동전을 몰래 꺼냈을 때
어깨를 다독이시며
필요한 게 이거냐며 연필을 내밀으시던
울 아버지가 이러하셨으리

한 겨울 학교에 가다 혹독한 추위에
중도에 집으로 돌아온 어린 아들에게
말없이 찬물로 샤워를 하는 모습을 보여주시던
울 아버지가 이러하셨으리

가난한 살림에 제사지낸 후
구운 생선 토막이라도 밥상에 오를라 치면
생선 머리를 바수어 잡수시며
魚頭肉尾라, 맛없는 몸통은 너희가 먹으라시던
울 아버지가 이러하셨으리

般若(2)

강화도에서 석모도로 가는 길은
뱃길뿐이다, 섬과 섬을 잇는 유일한 길

석모도에 유명한 보문사로 가려면
강화도에서 배를 타야 한다, 보문사엔
내가 보고자 하는 것이 있는데
배를 타지 않으면 갈 수가 없다

보문사 뒷산에 양각된 마애불은 영험하다던데
입소문을 타고, 내 귀에 들어오기까지
많은 시간을 먹고 입을 거쳤을 텐데
가는 길은 뱃길뿐이다, 그래도 없는 것보다
훨씬 좋다

옛날엔 작은 쪽배로 건넛기로
바람이라도 약간 세차게 불면, 그만
배를 띄울 수 없었다 하지
이제는 훌륭한 현대식 배로
자동차까지 실어 나른다, 나도
자동차를 싣고 건넜지

그런 것일까, 시간을 먹고 배에 차를 실어
건너듯, 오랜 시간을 두고 마음의 배도
많이 달라졌으리, 굳이 오래된 배를 고수할
필요는 더욱 없을 것, 새로 짓거나
단단히 수리를 해서 쓸 일이다

般若⑶

성철 큰스님 가사는
원 바탕의 베보다 덧대 기운 곳이 더 넓어
그것도 두 번, 세 번 기운 곳도 많아
가난하신가 여쭤보면
이놈아, 누더기가 가난하면
극락은 극빈이다, 하였다더니

걸레 미친 스님은
목탁을 제멋대로 쳐 듣는 사람의 귀를 어지럽히니
그것도 두드릴 때마다 그러하니
목탁 치실 줄 모르시냐고 여쭤보면
이놈아, 목탁 잘 쳐서 극락 갈 것 같으면
극락 못 갈 놈 없겠다, 하였다더니

어느 눈 삔 스님은
멋쟁이 여신도와 바람이 났다 소문이 자자하여
그것도 가는 곳마다 그러하니
선정에 드신 분이 왜 연애질이냐고 여쭤보면
이놈아, 내가 연애하여 중생을 구제하면
그게 바로 극락인 게지, 하였다더니

波羅蜜多(1)

한여름, 한낮에
엿장수는 엿 지게를 지고 산길로
더듬어 다른 마을로 재 넘어 가고 있었지

아이는 어매가 밭에서 돌아오실 때를 기다려
졸라 마늘 한쪽을 들고 엿장수에게 뛰어갔지

산중턱도 한참 지나
거진 고갯마루에 다 갈 무렵에
아이는 마늘을 엿장수에게 내밀고
부끄러운 목소리로
엿 주세요, 했지

엿장수 아저씨, 한참동안
물끄러미 아이를 바라보다
엿 토막을 잘라 내어 주는데
아, 웬일인가, 마늘 세 알을 준 것보다
더 많은 엿을 주었던 게야

아이는 신나게 왔던 길로 되돌아 뛰어 내려가고
엿장수 아저씨, 그 모습을 바라보며
얘야, 조심해라고 소리쳤는데
그 입가엔, 가벼운 미소가 매달리고
눈가엔 눈썹이 가늘게 맞닿아 있었지

波羅蜜多(2)

이마가 도드라지게 동그란 아기가
어미젖을 물고 열심히 빨고 있구나
그 어미, 물끄러미 그 젖 빠는 모습을
바라보고 있는데
오목오목 아기의 볼이 움직일 때마다
그 앙증맞은 양 볼에 복사꽃이 가득 피고
어미의 양 볼에도 덩달아 홍옥이 가득 열렸네

波羅蜜多(3)

갓바위 돌부처 머리위에
햇무리가 동편으로 걸릴 무렵
아내는 그 아래서 열심히 경문을 외며
수도 없이 절을 하고 있었다

두 아들 뜻한 대로
꿈을 이룰 수 있도록
외고 또 외우고
절하고 또 절하는 모습
두 눈에선 눈물이 줄줄 흘러 내려도
아내는 아무 것도 모르고 있었다

돌부처에 걸렸던 햇무리가 노을이 되고
돌부처 머리 위에
낮 동안 먹이를 찾아 나섰던 산새들
하나, 둘 제 집인 양 찾아들 무렵

아내의 기도가 끝이 났을까

돌아보며 웃음 짓는데

오랫동안 살면서 이런 평화로운 모습을

본 적이 있었던가, 기억을 더듬어 보면

아내의 두 볼에 눈물 자욱이 더욱 선명하다

波羅蜜多(4)

큰 스님 두 손으로 머리를 괸 채로
옆으로 비스듬히 누워
낮잠 주무시는데

동자승이 주위를 뱅뱅 돌다
큰 스님 위로 툭 넘어졌다

동자승 화들짝 일어나
큰 스님 눈치를 살피는데
동그란 눈망울이 튀어 나올 듯하다

큰 스님 부스스 옆으로 돌아누우시며
아직 그대로 주무시는 듯하고
동자승은 가슴을 쓸어내리며 눈망울을 굴린다

선방에 흐르는 한낮의 따스함이
여기저기 구르며 동자승과 놀고 있다

波羅蜜多(5)

석모도 보문사 뒷산에는
400여 개의 돌계단을 올라가면
산을 짊어진 마애관음불이 앉아 있어
서해를 향하여 지는 해를 바라보며
중생의 하루 생활이 어떠했는지
해에게 물어보는 듯하다

따가운 가을 햇살을 몸에 진채
마애관음불을 참배하고 내려온 뭇 사람들
보문사 범종각에 드리워진 그늘에 앉아
맞은 편 적멸보전 안을 쳐다보며 땀을 식히는데
중생들의 땀을 씻어 내리는
그늘에 섞여, 보전 안 부처님께서 말씀하시는 듯
기울어 가는 해를 따라 종소리가 서해로 든다

觀自在菩薩

예 있음에
어디에 있음이뇨
꿈처럼 왔는가 하였더니
이미 내 곁에 없었네

오로지 내 한 몸으로 끌어들이고져
찾고 또 찾고, 구하고 또 구하였던 모든 것들
돌이켜 보니, 그냥 그대로 있을 뿐
내게로 결코 오지 않은 것을

스스로 놓기까지 참 어렵더니
놓고 보니 자유롭기
바람 같고
물 같고
티끌 같고
되려 다 얻은 것 같았는데

마지막 남은 끈 한 줄
세상에 왔던 흔적을 지우는 일
그 마저도 이제는 알 수 없어
차라리 한 자락 꿈으로 지샐레라

行深般若波羅密多

그대 노니는 곳에는, 언제나
바람이 돌아라
바람 따라 안개가 돌고
티끌도 자욱이 일어 길을 어지럽히네

그대가 지나는 곳에는, 언제나
천둥이 일어라
번개가 땅을 향하여 아우성치고
땅껍질 가득 일어나 길을 가로막네

심중에 남은 많은 것들이
씨줄 날줄 얽혀 싸움판을 짜니
판위에 어지러이 뒹구는 온갖 군상들
배가 고파 아우성이고
성욕에 목말라 몸부림이고
돈에 독이 올라 눈을 붉히네

그대 팔을 뻗어 주시게

내 그대의
옛 친구이며
옛 애인이며
옛 지아비이며
옛 지어미이며
옛 스승이며
옛 제자이며
옛 원수이며
옛 적이며
옛 유혹이며
…………

그대 팔을 뻗어, 나를 안아 주시게

照見五蘊皆空(色)

사랑하는 이가 나를 바라보았네
화사한 눈빛이 일어
머릿속 가득히 노을빛을 드리우고 있었네

사랑하는 이가 내 입술에 입맞춤하였네
달콤한 물이 흘러
목젖이 화하게 박하향을 뿜어내었네

사랑하는 이가 내게 가슴을 내밀었네
아찔한 체온이 전하여
온몸이 짜릿하게 전류를 일으켰네

사랑하는 이가 나를 포옹하였네
뜨거운 열정이 샘솟아
나의 온몸을 불태우고, 또 태웠네

시간이 지나, 그대가 떠나고
남은 것은 모두 빈 것이었네
내 몸은 그냥 텅 빈 곳에 던져져 있었네

그대 이제 다시는 오지 않을지라도
나에게 남겨진 것들
다시금 삶의 나래를 얻어 날아오를 때까지
나는 그대를 생각하겠네

다 비울 수 없는 것이라면
차라리 그대의 모두를 끌어안겠네

照見五蘊皆空(受)

그대가 내게 오고부터
내게는 아픔이 시작되었다
그대를 기다리는 시간마다
수백 수천 개의 바늘이 찌르는 것 같았다

그대가 내게서 멀어진 때에
내게는 슬픔이 시작되었다
그대를 그리워하는 시간마다
수백 수천의 촛불이 태우는 것 같았다

맛 나는 음식이 무엇이랴
아름다운 얼굴이 무엇이랴
향기로운 냄새가 무엇이랴
곡진한 가락이 무엇이랴

다만, 그대 가운데 살아 있을 뿐인걸

그대가 내게 와 나를 낳았고
그대가 나를 떠나며 나를 키웠네
비로소 그대를 향한 그리움이 강물처럼 흘러
오로지 그대뿐인 걸, 이제야 알겠네

照見五蘊皆空(想)

그대를 생각함으로, 내 비로소 눈을 떴나이다
그대를 생각함으로, 내 비로소 호흡을 얻었나이다
그대를 생각함으로, 내 비로소 삶을 얻었나이다
그대를 생각함으로, 내 비로소 마음을 얻었나이다
그대를 생각함으로, 내 비로소 사랑을 얻었나이다

그대를 생각함으로, 내 비로소 사랑을 벗었나이다
그대를 생각함으로, 내 비로소 마음을 닫았나이다
그대를 생각함으로, 내 비로소 삶을 버렸나이다
그대를 생각함으로, 내 비로소 호흡을 멈추었나이다
그대를 생각함으로, 내 비로소 눈을 감았나이다

그대를 앎으로, 비로소
나의 존재가 생성되었나이다
나의 존재가 소멸되었나이다

그대를 앎으로, 비로소
나의 끊임없는 생성과 소멸을 알았나이다

照見五蘊皆空(行)

그대가 왔을 때 나는 울었네
기쁨이 넘치면 그것도 눈물이란 걸
난 그때 처음 알았네

그대 있음에 나는 웃었네
삶의 의미가 가득차면 그 자체가 웃음이란 걸
난 그 때 비로소 알았네

그대 떠나고 나는 아팠네
슬픔이 샘솟으면 그것으로 아픔이란 걸
난 그때 처음 알았네

그대를 맞고 보내는 자리
내 마음 한가운데엔
가득 찬 듯, 텅 비어 버린 듯
봄인 듯, 가을인 듯

기쁨도, 슬픔도 모두 허망해라
오로지 비워내지 못한 채
한바탕 꿈인 듯 아득하기만 하네

照見五蘊皆空(識)

물은 산에서 흘러왔으되
산을 거스르지 아니하고
산은 물에서 태어났으되
물에 얽매이려 하지 않는다

산과 물은 서로 만들고
서로 그리워하면서도
서로를 범하지 아니하며
서로를 감싸 빛내준다

그럼에도 산과 물은 하나로 뭉쳐있으니
물 없는 산이 없음은
산 없는 물이 없음과 같은 이치인 것을

원래, 산은 산이요
원래, 물은 물이라고
분별해도 끝내 아무 것도 찾을 수 없으니

그냥, 있는 대로 두시게
사람으로서 짓는 모든 것이 허망할진대
산인들, 물인들 분별해서 무얼하리

照見五蘊皆空(空)

– 욕망이란 소금물과 같아서
모자라면 허하여 아무런 힘을 쓸 수 없으나
넘치면 마셔도 마셔도 갈증만 더할 뿐이라 –

그대 잠시 내려놓으시게
그대가 진 짐이 너무 무거워 보이네 그려
빈손으로 와서 이룬 것인데
가져가서 어디다 쓰겠는가
모두 이 세상의 산물일진대
그대가 들고 가버리면
이 세상은 그만큼 빈한해질 것이네

그리고 여기 잠시 앉아서
우리 함께 이야기 하지 않겠나
느긋하게 숨도 좀 고르고
마른 입술도 축여 가면서
어디에서 어디를 거쳐 왔는지
어디로 갈 것인지도
마주 보고 앉아 이야기 하지 않겠나
그래야 가더라도 힘이 덜 들지 않겠나

잠시만 생각해 보시게
그대 한 짐 가득 지고 간들, 누가 있어
반가이 맞아 줄 것인가
그대 서둘러 그곳에 빨리 도착한들, 무엇이 있어
쉴 자리를 내어줄 것인가

알지도 못하는 짐을
힘들게 지고
알 수도 없는 곳으로
서둘러 갈 것이면
차라리 모두 내려놓고
여기 그냥 머물러 버리는 것은 어떤가

짐을 진 듯, 아니 진 듯
길을 가는 듯, 아니 가는 듯
그냥, 여기에
모든 것 내려놓은 채
머무르는 것도 좋지 않겠나

照見五蘊皆空

기쁨도 성냄도 묻어두고
오늘에 살고 있지
그리움도 기다림도 묻어두고
오늘에 살고 있지
성욕도 물욕도 묻어두고
오늘에 살고 있지
올라도 오름이 없고
내려도 내림이 없으니
오늘에 살고 있어도
오늘에 살지 않음과 같아라

너와 나, 우리를 잊어버린 채
오늘에 살고 있지
개나 돼지, 그들을 잊어버린채
오늘에 살고 있지
살찜도 마름도 모두 잊어버린채
오늘에 살고 있지
보아도 보임이 없고
보지 않아도 환히 보이니

오늘에 살고 있어도
오늘에 살고 있지 않음과 같아라

없음에서 다섯이 나오고
다섯에서 만물이 생성하였듯
만물이 줄어들어 다섯이 되고
다섯이 합쳐져 없음으로 돌아가니
모두이되 모두 비었고
모두 비었으되 모두 있음이네

님이여, 눈길만 주오
마냥 웃고 있겠네*

* 왜 사냐건
  웃지요

度一切苦厄(1)

밤이 길수록 새벽은 가까이 와 있는 법이지
시간이 낮과 밤으로 이루어져 있는 이상
그런 것은 자연의 법칙이지

아픔이 치열할수록 견딜힘도 커지는 법이지
아픔의 칼날도 언젠가는 무디어지는 이상
그런 것은 삶의 법칙이지

일이 모질수록 이길 힘도 커지는 법이지
살아가는 길이 운수의 흐름이라면
그런 것은 운수의 법칙이지

밤의 어둠을 건너 새벽의 빛을 맞듯
아픔을 견뎌 삶의 질곡을 벗어나고
모진 운을 이겨 새 삶을 열어 간다면

용화세계의 즐거움, 거기에 있겠네

* 용화세계(龍華世界) - 미륵보살이 성불하여 사는 세계 또는 그러한 성불로서의 삶을 누리는 상태

度一切苦厄(2)

파르라니 일어서는 가는 털을 타고
전류가 흐르는가 보다, 짜릿한 것이
온 몸을 휘돌고, 마침내 폭발하듯
이건, 오르가즘이다

망망히 끝도 없는 바다 한가운데
쏟아지는 햇살을 맞으며
파란 바닷물이 살며시 고개를 내민다
이건, 오르가즘이다

거대한 회오리바람이 먼지 한 알을 감아
하늘로 말아 올린다, 시커먼 먹구름의
험악한 방해를 뚫고, 치솟은 곳에 깔린 하얀 양탄자
이건, 오르가즘이다

망망한 얼음벌판을 누비며, 시간이 속삭인다
놓고 온 기억들이 부르는 소리
털구멍마다 아리게 스며드는 차가운 바람
이건, 오르가즘이다

일체의 유혹과 고통을 반죽하여 빚어낸
108번뇌가 연주하는 교향곡 소리
아, 이건, 오르가즘이다

度一切苦厄(3)

그대는 배
나는 사공
그대에 올라타고 노를 저어요
바다 건너편 그대의 고향으로 갈 거예요

그대의 바닥에 돛대를 세우고
헌 돛이라도 올리면, 가득히
바람이 와 안겨요
노가 조금은 약해도
나는 문제되질 않아요
그대는 서두르지 않거든요

가끔은 미친바람이 불어와
돛을 마구 몰아가도
가끔은 거대한 파도가 몰려와
뱃전을 마구 흔들어도
나는 두렵지 않아요
그대가 받치고 있잖아요

온갖 아름다운 것이 유혹해도
갖가지 괴물이 위협해도
나는 멈출 수 없어요
그대가 울타리를 쳐주잖아요

바다 건너편, 그대의 고향에 내리는 날
나는 그대의 사랑을 먹고, 마시며
흠뻑 취해 볼 거예요

度一切苦厄(4)

바지랑대 끝에
잠자리가 걸렸다

그 뜨겁던 태양의 열기로
여름 내내 달구어 온 몸

파란 하늘 한가운데
잘 익은 고추가 열렸다

하얀 손가락을 입에 물고
아기가 미소 지으면
구름 한 점 내려와
입 맞추고 달아나고

아기의 온 몸에서
빨간 고추잠자리가 한 아름 날아오른다

度一切苦厄(苦1)

살다보면 마음에 들지 않은 일, 너무 많아
하고 싶지 않은 일, 내키지 않은 일
그런 일들도 해야 하고
살다보면 마음에 드는 일, 너무 많아
하고 싶은 일, 내키는 일
그런 일들도 하지 말아야 하고

수만 갈래의 살아가는 길
그 하나하나의 길 위에 놓인 수많은 것들
하고자 하는 마음
비키고자 하는 마음
서로 부딪혀 갉아 먹고, 깎아 내니
朱沙빛 피 단청처럼 흘러내려
삶 한가운데 아픔의 강을 이루어라

원래, 삶이란 아픔으로 수를 놓아 짠
비단 폭 같은 것, 비단 폭을 길게 펼쳐 놓은
강물 같은 것, 차마 떨칠 수 없는
온갖 욕심이 겹겹이 덧대어, 마침내

마지막 한 올의 숨을 몰아쉴 때까지
쉼 없이 할퀴고 깎아 자아내는 아픔으로
원래, 삶이란 그렇게 살아가는 것

물릴 수 없는 운명이라면
헤아릴 수 없이 오랜 겁을 넘나들며
쌓아온 업보의 매듭으로
오늘에도 벗어날 수 없는 것이라 하고
삶 한가운데 아픔의 강물 위에
작은 나뭇잎 배 한 척 띄우고
아무도 모르는 작은 풀잎으로 노를 젓다

度一切苦厄(苦2)

인연의 기나긴 끈을 놓아버린 순간에
익숙하던 세상에서 떨어져 나왔던가
그 개척해 나오는 길이 얼마나 힘들었으리

어둠이란 어둠은 모두 모였고
좁은 통로는 한사코 막으려 하였으리
머리가 길쭉하게 일그러진 채
양수를 가득 뒤집어 쓴 모습, 아직
길을 열며 겪었던 온갖 쓰라린 고통이 생생할진데
적응하여야 할 신세계에 대한 두려움으로
소리 높여 울음을 터뜨리누나

이제부터 너는 혼자이니라
아주 생소한 세상에서

이미 지나온 길
그 길을 나서기 이전에 가졌던 모든 기억들
포말처럼 산산이 부서져 버린 지금에
아무도 없다, 새로이 만들어진

인연의 끈으로 이어져
신세계를 살아갈 것이지만

정녕코, 아무도 없이
오로지 혼자 가야 하리

度一切苦厄(苦3)

뽀얀 살결을 하고
아기가 웃고 있어도
천사 같다고 말하지 마시게
저 아기는 생존 투쟁을 하는 중이라네
저의 생사여탈권을 거머잡고 있는 어른을 향하여
웃고 또 웃으며
손발을 흔들고 또 흔들며
재롱을 떨어야, 비로소
삶의 끈을 이어갈 수 있음을
양수가 가득 찬 어둠의 동굴 속에서
무한의 시간을 보낼 때부터
그 기나긴 어둠의 질곡을 헤치고
죽을힘을 다하여 나올 때부터
본능적으로 콱 인식하고 있었던 게지

불만스러워도 웃으리
저주스러워도 웃으리
고통스러워도 웃으리
즐거워도 웃으리
기뻐도 웃으리

자지러질수록 좋은 것
아기의 생존방식은 이토록 능숙하다

度一切苦厄(苦4)

아들아, 삼세의 인연으로 너와 내가 만났지 않았니
내가 아비로, 네가 아들로
이렇게 만났으니, 그 길고 긴 인연의 매듭이 이제야
이승에서 서로의 손을 잡을 수 있도록
가깝게 다가가지 않았겠니

그 사이, 우리는 얼마나 먼 길을 돌아야 했을까
때로는 어둡고도 어두운 동굴 속에서
때로는 머나먼 우주의 길 위에서
때로는 맑고 투명한 은하의 물속에서
또 때로는 초록의 풀과 나무의 영혼이 잠든 숲속에서
그 얼마나 많이 태어나고 죽어가면서
기다리고 기다려야 했을까

그 오랜 기다림으로 우리는 아비와 아들로 만난 것인데
그만큼 크고 아픈 상처의 무게를 안고 만난 것인데
어찌 살아가는 일이 평탄할 수야 있겠니

아들아, 아비와의 만남의 시간이야
억겁의 인연으로 비유하면 너무 짧아
일수유에 지나지 않아
그래서 금방 지나갈 것인데
기다리고 기다리던
그 많은 시간을 보내고 만난 것인데
그냥 허망히 보낼 수야 없지 않겠니, 해서
아비는 늘 조바심하게 되는구나, 가끔은
느긋하게 지켜 볼 수도 있어야 하는데

어쩌면 이제 너와 아비가 함께할 시간이
얼마 남지 않았는지도 모를 일

度一切苦厄(苦5)

한 아이가 울고 있네요
목도 제대로 가누지 못하면서
마냥 울음을 울고 있네요
돌아가는 입술 때문에 울음소리도 제대로 나오지 않아요
그냥 꺽꺽거릴 뿐
나이는 얼마인지 가늠이 되지 않는데
그냥 목 놓아 울고 있네요

엄마를 찾는가 보아요
엄마는 어디로 갔을까요
저 아이!
아, 태어날 때부터 저능아였나 보아요
엄마가 하나에서 열까지 수발을 들어야 살 수 있는데
엄마가 없어졌어요

엄마를 찾는 간절한 눈 속에 어린
수정처럼 맑은 눈물
떨어지지도 못하고 매달린 채 대롱거려요
안개처럼 일어나는 안타까움이
비스듬히 기운 수정 눈물에 아롱거리네요

度一切苦厄(苦6)

몸은 말라 멸치와 같고
눈은 퀭하여 도깨비 같아라
10년 병에 효자 없다했는데
20년 병수발에 빛나는 정성

친구여, 그대의 아낙이 안고 있는 고질은
그대만이 지고 가야할 운명의 짐
병든 이가 짊어져야 하는 고통의 무게도 무겁지만
수발드는 그대가 져야 할 고통의 무게도 수월친 않으이

가도 가도 끝이 없는 인연이라니
이쯤에서 매듭을 풀어야 하지 않겠나
아픔의 강물에 뛰어들어
씻어내고 또 씻어내는
그대의 몸짓을 따라
인연의 사슬이 하나씩, 둘씩 씻기고 있겠네

度一切苦厄(苦7)

하관하고 돌아서는 길에
문득 하늘을 보았지요
무르익은 봄 하늘에 떠 있는 구름
푸르게 물들어 가는 산과 들에 내려앉아
함께 놀기라도 하고 싶은 듯
한층 나직이 떠돌고 있었지요

산소마스크 끼신 채
알아보신 듯, 아닌 듯
눈에 약간의 생기가 도는 듯, 아닌 듯
그렇게 길 떠나가시더니
이제 아주 영영 못 돌아오시는 길인 것을

한겨울 차가운 바람에
홍시처럼 익었던 볼을 비비며
사십 리 먼 학교 다녀오느라 고생했다고
안아 주시던 어머님
그 기억이 주마등처럼 살아있는 그 곳에
이제 당신을 내려놓고
무심한 자식은 다시 일상으로 돌아가렵니다

이미 홍시가 땅에 떨어져 버린 때에
다시는 감나무에 되달 수 없음을
어머니, 당신이 손수 가르쳐 주신 것처럼
이제 당신을, 여기
아직은 추억이 살아 숨 쉬는 곳에
내려놓아, 다시는 되돌리지 않으려 합니다

눈앞이 흐려진다고, 나무라지 말으십시오
오늘 하루만, 돌아가는 길에
늦은 봄날의 기억으로 눈물을 짓겠어요
살아가는 내내
어머니 당신을 놓아 드리려
잠깐 눈물을 지으려는 것이지요

度一切苦厄(苦8)

봄볕에 뛰놀던 복사꽃처럼
붉게 타오르던 볼

아직도 어릴 적 호기심에 못 이겨
어디로 마실 나갔나
모르는 길 더듬어 오는 동안 지쳐
어디에서 잠깐 잠이 들었나
주인 없는 시간이라 맘껏 잡아먹고
부푼 배 감추느라 잠깐 숨었나

아직 잠이 덜 깬 눈 속엔
어릴 적 뛰어놀던 마을 앞 개울물 속에
올챙이 앞 뒷발 나오는 소리 꼬물거리고
다슬기 기어가던 길 찰랑거리는데

청동거울 속에 저 주름진 얼굴
어디서 나타난 누구일까
왜 이리 닮았을까
착잡한 가슴 부여안고 물어보면
몰래 스며드는 쓴 맛, 혀를 데인 듯

度一切苦厄(厄1)

오랜 세월 그리움에 빠져
마음도 몸도 모두 피폐해라

떠나간 이가 남긴
불인두로 지진 듯 아팠던 흔적
다시는 그이가 올 수 없음을 알면서도
내내 잊지 못한 채 새기고 또 새기고 있음인데

어느 날 불현듯 눈을 뜨고
상처에 새겨진 오늘의 아픔을 볼 수 있다면
가슴에 맺힌 매듭, 한 고리는 풀 수도 있으려니

헛된 기대로 내일을 바라보지 말거라
수많은 내일이 오고 또 와서 쌓은 시간에
그 많은 매듭 하나, 둘 쯤 푼다 해도
허망하기는 봄바람에 날리는 한 조각 꿈인 걸

오로지, 다시는 원래대로 못할 상처뿐이리

度一切苦厄(厄2)

분노가 치밀어 서성거리다가
돌아서는 곳에 미리 자리 잡은 설움이라
스스로 비천하고 참담해 보여
고개를 숙이는데, 웃고 있더라
후딱 고개를 들었어도, 내내 떠나지 않는 웃음
오히려 가슴을 도려내 듯 더 슬프다

내 역할이 싫어 쫓아냈을 것인데
어인 분노가 이리도 쌓이는가
잘못이 어디에 있는지 알 수는 없어도
한 마디 말도 없이 쫓아내는 건 사람이 할 짓이 아니지
주체할 수 없이 몰아치는 증오의 돌풍 따라
끊임없이 깎여 나가는 가슴 한복판

어느 순간부터 큰 숨을 들이쉬는 때엔
가슴이 찌르는 듯 아파오더니
마침내 심장에 무리가 있다고 진단이 나오는데
자포자기로구나, 아무런 조치도 취하고 싶지 않아
그냥 술로 시간을 죽이고 말았네

이제 한 몸을 뉘일 마땅한 자리도 찾지 못한 채
다시 찾아오는 가을의 문턱에서 돌아보면
언제 집을 나왔는지도 헤아릴 수 없어
아니 헤아릴수록 아리송해져서, 그것도 포기하는데
왜 그랬을까, 숨을 콱 막는 심장을 부여잡고서
생각해 보니, 아무 것도 알 수 없고 아득하기만 해라

度一切苦厄(厄3)

큰형님 네는 기독교를 믿어
조상님 제사를 지내지 않습니다
작은 형님네는 천주교를 믿어
조상님 제사를 지내는 둥 마는 둥 입니다
나는 막내라고, 두 형님을 빙자하여
조상님 제사를 지내지 않습니다.

아버지, 어머니 돌아가신 지도 어언
몇 해가 흘렀어도
우리 형제 제대로 만나
제사를 드린 적이 없습니다
추모예배를 포함해서 그렇습니다

한 번은 우리 삼형제 내외 모두 모여
아버님 제사를 드렸지요
아니 추모예배를 드렸지요
그 때 삼동서를 포함하여 삼형제 모두
엄청 싸웠거든요, 정말 사소한 이유로
그 이후, 우리 형제는 만난 적이 없습니다

형제가 의가 비니
가까이 있는 이웃보다 훨씬 못합니다

한 아버지 어머니에게서 나고, 자랐는데
이제는 그 뿌리가 통째로 뽑혀버렸습니다
언제 그 뿌리를 다시 묻어
이미 말라 버린 형제의 나무에 싹을 틔울 수 있을까요
늙으면 될까요, 노욕이 가로막는다면
아, 한 번 뽑힌 뿌리는 다시 묻을 수 없을까요
번뇌의 강물이 하루에도 수차례씩 흐른답니다

度一切苦厄(厄4)

아들이 아비를 쳐다보며 불쌍하다 합니다
그러면서 쳐다보는 눈에 눈물이 글썽거립니다
소통인지, 불통인지
아비의 말문이 콱 막히고 맙니다

새벽 두시가 넘어 들어온 아들에게
여의치 못한 상황에서
네가 지금 이렇게 늦어도 되느냐고
꾸중을 하는데, 아들 녀석이 친구의 고민을 상담하고 왔다는군요
아무리 그래도 그렇지
지금 상황에서 너무 늦으면 어쩌느냐고
아비가 따지는데
아버지가 친구가 없는 이유를 알겠다며
그렇게 말합니다

아비가 그리 잘 못 살아온 것 같지는 않은데
아들이 그렇게 말하니, 멍해지고 말더군요
아비가 아들을 이해하려 하지 않고 욕심만 부린 탓인지
아들의 말이 너무 당당하게

아비의 가슴속에 자꾸만 울리더군요
그만 들어가 자라, 너무 늦었다
그 말이 전부지요

아비의 가슴은 아직도 멍멍하여
잘, 잘못을 구분할 수 없답니다

* 厄이란 불통(不通)일 수도 있습니다.

度一切苦厄(厄5)

어느 차가운 겨울밤
전화벨이 요란스러워 받아들었는데
저편의 목소리가 힘이 없었어
친구의 아내인 그녀가 낸 전화였기에
가슴이 철렁했어, 이제사 말이지만
이 친구 물색없이 성격 좋은 인간이거든

세상살이가 힘들어지면
늘 그런 물색없이 좋은 사람이 피해를 보는 것 같아
뒤집어 보려는 생각도 했지만
없는 힘이 하루 만에 생기는 것도 아니고
데모도 많이 했지만, 세상살이
맘대로 되지 않는 게 더 많은 거야

이 친구 사업하는 다른 친구의 보증 부탁을 거절하지 못했다가
다른 친구 사업이 망하면서 아주 가버린 거야
그런데 다른 친구는 지 마누라 이름으로 빼돌린 돈으로
지금도 좋은 차 타고 부지런히 골프치러 다닌다더만
이 친구만 집이며, 세간이 모조리 경매처분 되버렸지
하루아침에 길거리로 내몰린 이 친구와 그녀

한 때 사랑을 다투기도 했었는데
이 친구가 나보다 세상살이 어려울 것 같아
나 아닌 이 친구를 택한다고
눈물을 보이며 떠나가던 그녀
이 친구, 벌써 집 나간 지 몇 달 째라는 거야

전화기 너머의 목소리가 울먹거리는 듯한데
얼마나 하기 힘든 전화를 건 거야
전신에 전류가 흐르는 듯
모든 힘이 빠져나가고
툭 전화기를 바닥에 떨어뜨리고 말았지

아직도 살아있는 것인지, 까마득히 잊어버렸던
아픈 기억이 화살 맞은 멧돼지처럼 튀어 오르고
이 친구 어떻게 되었을까를 걱정하는 그녀의 걱정에
야속하게도 가슴이 아리는 것
그래, 헤어진 후 참 오랜 시간이 흘렀어도
내 가슴속에 용암처럼 흐르고 있었던 게야

色不異空(1)

조명은 은근하고 참가한 사람들은 나름 근사하고
차려진 음식들은 고급스러워 군침을 돋우는데
홀로 외로이 제 몸을 녹이며 앉아 있는 얼음미녀여
무슨 슬픔이 그리 많아*, 온몸으로 울고 있나

대화가 무르익을수록
웃음이 흐드러질수록
각기 내보이기 싫은 속내
켜켜이 구석으로 밀려나 쌓이고
진한 음식 냄새와 술 냄새는
아편처럼 코를 마비시키고 있구나

분위기가 무르익어 파티장엔 은은한 음악과 함께
춤추는 쌍들이 하나둘 늘어나
샹들리에 불빛아래 풍차처럼 돌고 있어도
취하지 못해 울고 있는가, 얼음미녀여

울음이 심하여 한이 되었나
이제 그대 온몸을 모두 갉아 먹고 있네

잠시도 쉬임없이 갉아 먹고 있네
갉아 먹다, 갉아 먹다 끝끝내
모두 물이 되어 버렸네
이윽고 물도 날아올라 어디론가 사라지고

파티장에 사람이 하나둘 빠져나가고
샹들리에 불도 하나 둘 꺼지기 시작하면
텅 빈 파티장에 떠도는 서글픈 사연
얼음미녀여, 그대 지금 이 사연을 듣고 있나
사람도 그리움도 모두 날아가 버린 지금
얼음미녀여, 그대 아름답던 모습은 어디로 가버렸나

* 주병선의 "칠갑산" 중 '무슨 설움 그리 많아'

色不異空(2)

멋진 참나무 한 그루를 베어다
숯을 구웠다
빨갛게 달은 몸을 식혀 놓은 자리에
검고 단단한 멋쟁이가 앉아 있었다
이제 싱싱하던 몸은 어디로 갔는지 알 수 없지만
안으로 안으로 다져진 다부진 마음
힘차게 밖을 향해 뻗치고 있었다

누군가 네 뻗치는 힘을 알아줄 이 있어
아궁이에 불 지피고 너를 태우면
뜨거운 열기로 방바닥을 데우면서
오로지 사랑하는 이를 위하여
네 몸과 마음은 한줄기 연기로 사라져가리

어느 날엔가 다시
한 그루의 참나무로 탄생되는 날까지
어디든 자유롭게 날아 다니거라
숯이여, 소망이 클수록 오래도록 자유롭도록
오늘에 살아, 참나무는 몸을 다질 일이다

色不異空(3)

큰 스님 열반에 드셔
조촐히 다비식을 치르는데

깡마른 몸 어디에
저런 내공을 숨기고 계셨을까
타 오르는 불꽃을 따라
솟구치는 냄새는 인근의 새들을 모두 쫓더니
마지막 남은 한조각 구름마저 멀리 보내버렸네

사람들은 구름같이 모여
그 냄새가 향기롭다 하는데
도망간 산새들과 구름은 배은망덕한 것인가
큰 스님 살아생전에 가장 많은 대화를 나누던
짝들이었는데, 큰 스님 다비 냄새에 도망을 가다니

이해할 수 없는 작은 스님
말라붙은 뼈 조각을 쪼개 사리를 거두면
큰 스님 허허 웃는 모습
수정 빛 사리 속에서 반짝거리고 있었네

色不異空(4)

시집살이 좀 뜸해진 틈을 타
울 어매 무덤자리를 둘러보았더니
무덤은 어디로 가고
물푸레, 쑥부쟁이, 억새들…
뿌리 깊게 객을 맞이하고 있었다오

울어매 살아생전
후덕하기로 인근 동네까지 소문이 자자했었는데
죽어 무덤에 집을 마련하시더니
누구 하나 눈길 주는 사람이 없더이다
살아생전에 고마워하던 인심들
다 어디로 가고, 그저 멍하니 세월만 흘렀더이다

허기사 자식이라고 딸인 나도
시집살이 핑계 삼아 찾아오지 않은지가 이미 오래인데
어느 누구 있어 돌보아 주겠어요
나를 돌아보아, 남 탓할 것 없지만요

그래도 산인 듯, 언덕인 듯
물푸레나무, 쑥부쟁이, 억새더미 … 속에 묻혀버린
울 어매 무덤자리를 보면
그예 자연의 일부로 돌아간 것일 뿐이라도
딸의 눈에는 야속하게 눈물이 흐르데요

色不異空(5)

오작교 사이에 두고
여덟 선녀와 희롱하다가*
이별에 놀라, 문득 잠을 깨니
바로 꿈이었구나

삐질삐질 흐른 침은
입가를 뿌옇게 더럽히고
잠이 덜 깬 가슴츠레한 눈자위는
아쉬운 듯 못내 쓴맛을 다시는데

이미 시간 속에 묻혀 버린
아름다운 선녀들이야
다시는 돌이킬 수 없고
늘어난 흰 머리카락만
선풍기 바람에 나부끼네

* 구운몽의 성진이 서왕모 잔치에 갔다 돌아오는 길에 팔선녀와 대화하다 인간으로 환생하는 장면

空不異色(1)

어미닭은 바깥 껍질을 부지런히 쪼아대고
어린 새끼는 안 껍질을 열심히 쪼아대고
어미와 새끼가 동시에 쪼아대더니, 마침내
노란 병아리가 태어났네

병아리 노란부리로 부른 가냘픈 노래 소리
온 천지에 울리던 날
어미닭은 꼬꼬댁, 꼬꼬댁 노래 부르며 춤을 추었지
춤 따라 흔들리는 나래 짓 속에
오랜 소원이 덩달아 춤을 추었네

시간을 품고 태어났어
노랗게 빛나는 모습이 눈부셔라
한바탕 노래와 춤으로 세상에 태어남을 알리니
하늘에선 구름 한 점 내려와
맞장구치며 춤을 추었네

空不異色(2)

아버지, 당신이 내게 남기신
독작골 논 서 마지기는, 무사히
당신의 손자에게로 이어질 것입니다
어떤 일이 있더라도, 영천장 사십 리 길을
나뭇짐 날라 산 논임을 익히 명심하고
절대로, 절대로 팔지 않도록 이어줄 것입니다

아버지, 당신은 이미 저 세상으로 가셨다 해도
당신의 손자에게 이어져 있음을 봅니다
내가 당신의 아들이므로
나로 이어 당신은 손자에게로 이어진 것입니다
당신이 그러했던 것처럼
손자가 그러하지는 못하더라도
아마 할아버지 당신의 뜻에 거스르지는 않을 것입니다

그러한 즉 독작골 논 서 마지기는
아버지, 당신이 영천장 사십 리 길을 걸어낸
나뭇짐을 통하여 이루어진 것이기에
당신의 손자로, 손자로 이어질 때마다
절대로 당신의 뜻에 어긋나지 않을 것입니다

空不異色(3)

꽃이 진 자리에
까만 씨앗이 모양을 드러냈다
아, 얼마나 오랫동안 꽃에 가려왔던가
단단한 껍질을 쓰고 씨앗이 긴 호흡을 한다

꽃이 있었기로 씨앗도 있었던 것은 아니듯
꽃이 없기로 씨앗까지 없어지는 것은 아니지
꽃 지고 그리워하는 것은, 인지상정이라지만
있게 해준, 없어진 것을 그리워하는 것도 인지상정이지

끊임없는 윤회의 한 구비에서
피어오른 꽃으로 아름다웠으므로
이제는 까만 씨앗으로 거듭난 것이라
진 것이 그리 서운할 것은 없지 않겠나

空不異色(4)

부정하므로 긍정을 낳고
소멸하므로 생성을 낳네

씨앗을 부정하지 않으면 싹은 트지 못하고
싹을 부정하지 않고 줄기와 잎은 자라지 못하네
줄기와 잎을 부정하지 않고 꽃이 피지 못하며
꽃을 부정하지 않고는 씨앗이 자라지 못하네

씨앗이 소멸하지 않고는 싹이 나오지 않으며
싹이 소멸되지 않고는 줄기와 잎이 나오지 못하며
줄기와 잎이 희생되지 않고는 꽃이 피지 못하며
꽃이 지지 않고는 씨알이 맺지 못하지

소멸과 생성이 꼬리에 꼬리를 물고 돌고
부정과 긍정이 꼬리에 꼬리를 물고 돌아가는 것
이를 일러, 윤회전생이라 하는데
소멸이 없이는 생성이 없듯
부정이 없이는 긍정도 없다네

空不異色(5)

울 아베, 어매는 맞선도 보지 않고
중매쟁이 말만 듣고 결혼을 하셨단다
그것도 당신들이 직접 보고 결정한 것이 아니라
어른들이 결정하신대로 따랐을 뿐이시란다

생김새가 어떤지 모르셨단다
성격이 어떤지 모르셨단다
말투가 어떤지도 모르셨단다
행동거지가 어떤지 모르셨단다

좋다는 생각도 못하셨단다
보고 싶다는 생각도 못하셨단다
그립단 생각도 못하셨단다
사랑한다는 느낌은 정말 모르셨단다

그래도 한평생을 잘 사셨는데
그래도 3형제와 2자매를 낳아
잘 기르셨는데, 미리미리 보고
미리미리 사랑한다고 떠벌이지 않아도

울 아베, 어매의 사랑법은 우리와 다르셨단다
멀리서 보기만 해도 왜 그러는지 알 수 있으셨단다
멀리서 바라만 보아도 눈에 눈물이 쏟아지셨단다
그냥 마주 서 있기만 해도 아이가 들어서곤 했단다

울 아베, 어매는 정녕 다른 사랑법으로 사셨다는데
그래도 아들 딸 오남매를 잘 키우셨단다

色卽是空(1)

그대, 가던 길을 잠시 멈추시게
내 그대에게 한잔 술을 권하노니
이 술을 받고 떠나시게

잔속에 별을 띄우고
그대를 위해 한 곡조 이별가를 뽑을 것인 즉
술잔이 다 비기 전에는
곡조가 다하지 않을 것이네

이윽고 잔에 잠긴 별을 삼키고
입술에 별빛이 초롱초롱 빛날 때
그대도 다시 길을 잡으시게
그리고 지금 내가 권하는 한잔 술 기억하셨다가
가다 지치거든 꺼내들고 다시 마셔보시게

혹시 아는가, 이미 삼킨 별 다시 나타나
그대의 입술에 초롱초롱 입맞춤할지

色卽是空(2)

어린 사미승은 별을 사랑하여
밤마다 절 옆 우물에서 목욕하는 별과 정을 나누었네
별이 나타나지 않는 날이면
어린 사미승은 높은 신열에 시달리곤 했네

어느 날 하늘에 구름이 끼고
별이 그만 우물에 내려오지 못했네
갑작스레 일어난 일이라
어린 사미승에게 미리 알리지 못했다네

어린 사미승은 기다리다, 기다리다
마침내 쓰러지고 말았네
그 작고 여린 손안에
그리움의 말을 옴팡지게 거머쥐고서

다음날 밤, 별은 다시금 그 우물에 내려와
무심하게 목욕을 하고 있었네
쓰러진 사미승에 대한 기억은 이미 모두 지운 뒤에

色卽是空(3)

산승이 우물에서 물을 긷고 있었는데
문득 월궁의 항아가 그 자태로 목욕을 하고 있더라
너무 요요로워 그만 취해버린 산승
풍덩 우물 속으로 뛰어들어 함께 목욕하고자 하였더라
잡아도 잡아도 자꾸만 벗어나는 월궁 항아의 모습
산승의 가슴속엔 자꾸만 불길이 솟구치는데
찰나에 새벽닭이 울고, 시각이 서산에 걸릴 무렵에
월궁 항아는 한마디 말도 없이 사라지고
우물 속엔 산승 혼자만 허우적대고 있었더라

님아, 밤새도록 월궁 항아를 안고 놀았으니
파르란 이마에 밝아 오는 아침나절이 반들거리겠네

(보충자료)

영정중월(詠井中月)

이규보(李奎報)

산에 사는 스님이 달빛을 탐내어
병 속에 물과 달을 함께 길었네.
절에 돌아와 비로소 깨달았으리.
병을 기울이면 달도 따라 비게 되는 것을.

山僧貪月色 (산승탐월색)
并汲一瓶中 (병급일병중)
到寺方應覺 (도사방응각)
瓶傾月亦空 (병경월역공)

色卽是空(4)

아침 이슬에 젖은 호박꽃 속을
호박벌이 부지런히 드나들고 있었습니다
호박꽃 실팍한 허리에 꽃가루가 잔뜩 묻었기로
호박벌 튼튼한 나래 깃에 휘날리데요
아침 햇살에 빛나는 모습이 너무 예뻐
약간은 흥분해 생각했지요
왜, 사람들은 호박꽃이라고, 호박꽃이라고
낮추어 말하고, 낮추어 생각할까
호박꽃은 스스로 분별해 준 적이 없는데
사람들이 제멋대로 분별해 두고선
호박꽃, 호박꽃 낮추어 보더라구요

호박꽃 실팍한 허리에 비치는 아침 햇살에
아침 이슬이 춤을 추나 봅니다
하느작, 하느작 어리는 눈앞의 아지랑이
호박꽃이 차려낸 아침상이랍니다.

色卽是空(5)

블랙홀이다, 아무 것도 존재를 드러낼 수 없는
거대한 우주의 구멍이다
아무 탈 없이 잘 이어온 것 같았는데
어디로 가 버린 것일까, 깜깜한 어둠이 소용돌이치고
그 한가운데서 갑자기 길을 잃었다
모두 소멸되어 버리고, 너무 어둡다

지금에라도 그만 두시게
돌아가는 길은 아직 희미하게나마 기억되지 않는가
그것마저 잃어버리기 전에
이제 그만 돌아가시게

끊임없이 전해오는 울림을 들으면서도
갈피를 잡지 못한 채 허둥거리는 모습
마치 거울 속에 박힌 듯 선명히 떠오르고
미늘에 걸린 물고기처럼 파닥이고 있구나
언제 벗어날 수 있을지
누가 벗어남을 도와줄 수 있을지
어떤 예상도 할 수 없는데
미늘에 걸린 물고기처럼 파닥이고 있구나

블랙홀이 끝나는 자리
아무 것도 기억되지 않는 곳
어떤 존재도 드러내는 것을 허락하지 않는 곳을 넘어선 곳
이미 잊어버린 형상이 저절로 드러나는 곳
그럴게다, 바로 그곳에 블랙홀 한가운데서 울리던
절정이 황홀한 춤을 너울거리고 있을게다

空卽是色(1)

온 몸을 불살라
삶을 버렸더니
등신불이 되어
영원한 삶을 얻었네

버리고 다시 얻는 것
불타는 고통으로 이루어지리
백팔 번뇌 하나로 모여
환희의 절정을 노래하네

空卽是色(2)

월성의 돌다리를 건너다
강물 가운데 목욕하는 부처를 보았다네
한 눈에 반하여 사랑을 속삭였더니

사람의 일을 누가 알랴
자루 없는 도끼에 자루를 해 박은 것을
자루가 자라 마침내
나라 받칠 큰 나무가 되었네

* 원효와 요석의 사랑으로 설총이 탄생함(설총 탄생 설화)

空卽是色(3)

기독교 목사님이 운영하시는 밥퍼에 가면
한 끼 밥을 얻어먹으려고
집 나온 노인들이 기나긴 줄을 선다

그들에겐 밥이 어디서 온 것인지
누가 해 주는 것인지 의미가 없다
간혹 쌀푸대나 부식 자루에
보낸 이의 이름이 쓰여 있어도
그들에겐 아무런 의미로 다가오지 않는다

오로지 하루하루의 목숨을 이어줄 영양의 공급
그리고 살아오는 동안 익혀온 포만감이 필요할 뿐

먹는 이가 아무런 기억을 하지 않는데
주는 인들 무슨 기억을 할 수 있으랴
차라리 모르는 게 속 편한 게지
오직 하루하루의 삶에 감사할 뿐

空卽是色(4)

아무리 어둠이 짙어도 두려워하지 않는다
파도가 집어삼킬 듯 덮쳐 와도 쓰러지지 않는다
태풍이 때리고, 또 때려도 굴하지 않는다
잔잔한 파도의 감미로운 자장가가 들려와도 잠들지 않는다
오로지 그 자리를 떠남이 없이
한 몸을 세워 길을 가리킨다

어떤 다가섬에도 흔들리지 않는다
어떤 이별에도 좌절하지 않는다
어떤 유혹에도 넘어가지 않는다
마지막 불이 꺼질 때까지 오로지
제 한 몸을 단단히 지켜
오고 가는 배들의 안전을 책임진다

등대는 자신의 모든 것을 버리고서, 비로소
새로운 생명을 얻었다

空卽是色(5)

한겨울 베적삼 소매깃엔
서북풍 차가운 바람이 잉잉거리고
깁다 남은 헤진 틈 사이로
황소바람이 드나들어 새 길을 열었지
추석날 검은색 무명 치마엔
덧댄 천 조각들이 모자이크 무늬를 이루고
설날 흰색 무명저고리엔
정지간 연기 누른 내음이 오래 남아 있었지
쉰밥, 거친 밥 잘못 드셔
배탈 난 적 헤아릴 수 없고
삼시 사 때 더부룩이 거북한 배 부여안은 채
쪼그리고 앉은 적 헤아릴 수 없어도
한겨울 얼어 터지던 날
사십 리 먼 학교길이 힘들다 되돌아 온 아들에게
회초리 들고 두어 차례 때리시더니
이내 고개를 돌리고 떨구시던 눈물
아직 기억의 한가운데 반짝거리고 있는데

어머니, 당신의 DNA가 선명하게 빛납니다

受想行識 亦復如是(受1)

여인의 입술은 꿀과 같아라

입맞춤의 여운이 아직도 간지러운데
맛의 나래를 타고 날아올라
달콤한 노래가 되었어
참 많은 시간을 들여 갈아온
날선 혀의 칼날
천군만마라도 무찌를 서슬 푸른
혀의 칼날에도 거침없이 헤쳐나갔어
왜 그랬을까, 숨죽여 지켜보았지
저 거침없는 노래의 유영
마지막으로 어디에 멈출지를
알 수 없었어, 달콤해도 알 수 없는
미지의 불안도 몰려왔어

아무리 불안해도 노래를 멈출 수는 없었어
이미 영혼이 포로가 되어 꼼짝하지 못했던 거야
벗어나려 할수록 더 위태로워
마침내 모두 포기하고 말았어

포기하는 순간에 노래가 그쳤지
노래가 그치면서 달콤한 맛도 멈췄지
날아올랐던 모든 것이 땅에 떨어지고
아무 것도 없이, 모두 사라져 버렸지

아, 여인의 달콤한 입술도 끝내 허무해라

受想行識 亦復如是(受2)

1.
그대의 손끝에선 언제나 아지랑이가 피어올랐어
잡아도 잡아도 잡히지 않는
그래도 잡지 않으면 아른거리며 춤을 추는
달콤한 유혹
어지러웠어, 정녕코 그대의 손을 잡지 않으면
당장이라도 쓰러질 것 같은
그렇게 큰 어지러움이었어

그대의 손끝에선 언제나 평화로움이 넘쳐흘렀어
느껴도 느껴도 다하지 않는
그래서 잡지 않으면 절대로 참을 수 없는
커다란 평화로움
행복했어, 정녕코 그대의 손을 느끼지 않으면
당장이라도 불안해지는 것 같은
그렇게 큰 행복이었어

그대 내게서 손을 떼지 말아주오
간절한 소망으로 기도를 드리고 또 드렸어

2.
운명은 우리를 받아주지 않았어
시간을 먹고 이별이란 괴물이 습격해 왔지
아지랑이처럼 달콤하던
행복함으로 평화스럽던
그대의 손길이 운명처럼 내게서 멀어졌어

3.
그대여 섭섭하다 마시게

시간도 너무 큰 괴물이었네
시간이 지나가면서 그대의 손길을
그대의 손길이 남긴 기억을
모조리 먹어치워 버렸네

이제 모든 것이 백지처럼 되어버렸나 보아

受想行識 亦復如是(受3)

그날 도회의 대로를 가득 메우고서
힘차게 전진하던 행진
그리고 드높이 휘날리던 함성
그 한가운데 네가 있었다

"독재타도!"
"민주완성!"

아직도 귀속에서 쟁쟁하게 울리는
너의 외침

너는 지금 어디에 있는지, 흔적도 없는데
나의 기억의 한 자락을 붙잡고
공허하게 제비를 돌고 있구나

친구여, 살아남아 네가 남긴
단물을 빨며 기름기 잔뜩 낀
나의 얼굴에 침을 뱉으시게
이제 비록 한 줄밖에 남지 않은 심금이라도
울려야 겠으이, 친구여

受想行識 亦復如是(受4)

아무 것도 미리 알지 못하고
얼핏 스치는 길에
얼굴이나 엿본 정도에 지나지 않으므로
그냥 어떤 노부부라고 하겠습니다
무례하다면 용서해 주십시오

노을을 지고 당신들이 맞잡은 손에
세월이 노래를 하고 있었답니다
약간은 검버섯이 돋아난 두 손
긴 세월동안 서로를 위로하였을 두 손

약간은 처진 듯한 어깨 어름에서
약간은 좁아진 듯한 등 언저리에서
약간은 꾸부정한 허리 어름에서
약간은 홀쭉한 엉덩이 어름에서
약간은 비틀어진 듯한 다리에서
약간은 뒤뚱거리는 발걸음에서

손의 노래가 울리고, 또 울리고 있었습니다
어렴풋이 보이는 약간은 굽은 손가락과
어렴풋이 보이는 약간은 두툼해진 손마디와
어렴풋이 보이는 약간은 뒤틀어진 손톱들
어렴풋이 보이는 약간은 거칠어진 손등이

어설프나
애잔하고
느긋하고
평화로운
노래를 연주하였습니다

따라 가는 내내 한 차례도
맞잡은 손 놓으신 적이 없으시니
노래 또한 내내 끊이지 않았고

석양 노을도 취한 듯, 노부부
당신들의 등을 차마 떠나지 못한 채
하루의 마지막 노래를 부르고 있었습니다

受想行識 亦復如是(受5)

슬쩍 스쳐가는 바람의 몸에서
그 시절 내 여자의 냄새가 난다
어느 광고 카피의 한 자락처럼
세월의 미로 속에서 모두 놓아버렸던
그 여자의 냄새

새까만 어둠의 미로 속에서 헤매던 시절
그 여자의 냄새는 탈출을 위한 유일한 끈이었지
어둠속 나침반이었지, 안내인이었지
꽉 잡은 채 결코 놓치지 않으려 하였지

많은 시간을 그렇게 헤매고
미로의 끝에서 희미하게 빛이 들어올 무렵
내 여자의 냄새는 사라지고 말았어
지쳤던 건지, 제 할일을 다했던 건지
알 수 없어도, 내 여자의 냄새는
사라지고 말았지

그래, 빛을 찾았으니
냄새는 사라지는 게야
사라지는 것은 내 여자의 냄새의 몫
잊는 것은 나의 몫

오랜 망각의 시간을 넘어
빛의 기억이 희미해지는 지금에
내 여자의 냄새가 다시금 살아나
그간 비워둔 옆자리를 차지하는 거야

受想行識 亦復如是(想1)

1.
원효대사님은 당나라로 구법하러 가던 길에
무덤 안에서 잠을 자다
해골바가지에 담긴 골수 녹은 물을 마시고
득도를 하셨다고, 전설은 말하지

心生卽種種法生(마음이 생기면 모든 법이 따라 생기고)
心滅卽髑髏不異(마음이 없어지면 해골이 다르지 않네)

전설은 단순히 전설일 뿐
내 삶속에 그게 어떻다는 건지
天命의 나이가 지나도록 알지 못한다

아침에 일어나 허겁지겁 세수하고, 밥 먹고
직장으로 달려가고
하루 일과를 처리하기 위하여 준비하고
그리고 시간이 되면 일과시간 끝날 때까지 일할 뿐
이런 생활을 이십 년 이상 치루어왔으니
무슨 별다른 생각이 있으리, 느낌이 있으리
그저 하루하루가 왔다 가는 것이라는 것밖에

2.
일상이라고 다 같은 건 아니지
하는 일마다 다르지 않았던가
살아온 날들을 하나로 이어 놓으면
그저 그런 날들 뿐인데
부딪히는 삶의 자락은 시시각각 고비를 이루었고
고비마다 작은 것들이 쌓이고 쌓여
무의미하게 평범한 일상을 이어온 것은 아니지 않았던가

3.
아. 천오백 년 전 원효스님께서 터득하신 것
오늘에 다시 알기는 어려워도
하루하루가 쌓인 삶의 이어짐도 또한
다름없는 髑髏不異가 아니겠는가

受想行識 亦復如是(想2)

한여름 어느 날
독장수가 독을 지고 재를 넘다
잿마루에 지게를 받치고 잠시 쉬면서
지게 그늘에 끼어 앉아 골똘히 구구셈을 하였네

이 독을 하나 져다 팔면
이전 5문의 이익이 남으렸다
독을 두 번 져다 팔면
5전의 이익이 남으렸다
독 하나에 5전이라
이 재를 열 번 넘으면
독 다섯 개가 남으렸다
하루에 한차례씩 독을 지고 이 고개를 넘을 것인데
한 이년정도 넘으면
독이 몇 개인가, 세다가 다 헤아릴 수 없어
아이쿠, 너무 많아

벌떡 일어나는데, 그만
지게작대기를 차버리고 말았네
그 바람에 지게가 퍽 하며 쓰러지고
지게위에 묶여있던 독
피하지도 못한 채, 산산조각이 나버리고
독장수의 꿈도 바람처럼 사라져 나버렸네

빈 지게 지고
재를 내려오는
독장수 지게위에
여름날 오후의 따가운 햇살만
퍼득거리며 나래 짓하고 있었네

受想行識 亦復如是(想3)

파도는 잔잔한데
바위 턱에 앉은 마음은 어지럽다
파도를 탄 것도 아닌데
보내버린 그대와
떠나버린 시간
그리고 다시 돌아오지 않을 것이라는 불안감
모두 한꺼번에 몰려
파도보다 더 어지럽다

차라리 모르고 지나가버렸다면
마음이 파도보다 높게 흔들리는 일 같은
그런 것은 없었을 것을
돌이켜볼 때면 언제나
이미 늦었다고 신호를 주네

바위는 말이 없고
출렁거리는 파도의 푸념을 모두 받으면서
하얗게 부서지는 포말의 쓰라린 기억을 끌어안는데
떠나지 못한 채 맴도는 그대
상념의 그늘에 침을 뱉어라

受想行識 亦復如是(想4)

친구여, 이미 지나간 일들이야

권력의 정점에 있을 때야
모든 것이 가능하리라 생각했을지도 모르지만
이제, 그런 것들에서 멀어진 이상
그만 미련을 버리시게
권력이 10년을 가지 못한다 했으니
이미 정해져 있었던 운명이었지 않은가
권력의 정점에 서던 바로 그 순간부터
내려올 것을 준비했어야 하는 것을
꿀같이 달콤한 권력의 맛에 취해
준비하지 못한 채, 갑자기 종말을 맞은 듯한 것은
친구의 잘못이지 않은가

허둥거릴 것도
아쉬워할 것도
억울해할 것도
참담해할 것도
없다네, 그저 바람처럼, 물처럼, 구름처럼

모두 버리고 훌훌 떠나보시게
아무런 생각도 남아 있지 않도록

그 한가운데, 친구가 우뚝 솟아 있을게야

受想行識 亦復如是(想5)

해방이 되고
영감이 그랬지, 도저히 안 되겠으니
남으로 가 살자고
남에서는 자유국가가 설립되었다고
남으로 내려오기로 한 밤에
어디 잠깐 다녀온다 하고
영영 헤어져 버렸지
그게 60년 전 일이야

내 나이 지금 여든하고도 한 살 더 먹었지
이제 막 이팔을 갓 넘긴 나이에
어린 녀석 하나 데리고
혈혈단신 남으로, 남으로 내려왔지
과부 아닌 과부 생활이 쉬웠겠어
그렇다고 남이 북보다 잘 살았던 것도 아니었잖어

남으로 내려올 때부터 고생길이었는데
내려와서도 고생 참 많이 했지
무엇보다 신랑이 밉고도 그리웠지

신랑만 있었더면, 이 고생은 하지 않았을 걸
(이 보시게, 웃지 마시게나
이 나이에도 신랑이라 하니
좀 우습기도 하겠지만, 내게는
울 신랑의 세월이 멎어 버렸어
헤어진 날에 그냥 딱 멈춰버렸어)
모두가 어려운 시절을 거쳐 왔으니
신랑이 있다고 나았으랴만, 그래도 서로
의지는 되었지 싶네

그렇게 세월이 가고
참 세월도 좋아지고 해서
오년 전에 연변에서 신랑을 만났댔지
만나는 순간 나는 졸도할 뻔 했지
도대체 꿈에서도 그리웠던 신랑이 없는 거야
그저 내일, 모레 죽을 날만 받아 놓은
꼬부랑 영감이 거기 있는 거야

무언가 잘못되었다고 생각했지
저게 뭐냐고, 꿈에서도 그립던 님이
저게 뭐냐고, 살아 있다면
젊었어야지, 저게 뭐냐고
아무리 통곡해도 되돌아오지 않는 것은 세월이었지

늙은 영감은 북에 새 가족을 이루어 살고 있는데
기다려 준 나의 뜻을 받지 못해
미안하다고
미안하다고
미안하다고
하면서, 내내 읊조리다시피 하곤 헤어졌지
그것으로 모든 것은 끝났지

알겠는가, 젊은이
저 기다려 주지 않는 세월 속에
무심하게 가버린 내 젊음과 신랑의 젊음
그리고 아무리 발버둥쳐도 다시 합칠 수 없는
나와 영감의 운명을
오십오 년이란 세월의 그리움도, 원망도
한줄기 바람결에 사라져 가는 것임을

受想行識 亦復如是(行1)

해마다 구월이 오면
구월의 맨 처음에 떨어지는
낙엽을 발견하면
그대를 생각한다, 이미 떠난 지
수십 년을 지났어도
매년 구월이 오면
그대의 뛰어다니던 모습과
카랑카랑한 목소리, 그리고
수많은 청중을 앞에 놓고
당당하게 정의를 외치던 모습

그대는 생각을 행동으로 옮겼고
그래서 내 가슴에 화인을 찍었지
이 한 몸이 온전히 낙엽 따라 가버린 후까지도
그대가 남긴 화인은 당당할 게야
그처럼 당당한 화인을 안고서
언제나 가슴 아파야 하는 것은
살아남은 나의 몫임을
떠나 버린 그대야 알지 못하리

이제 그만 내려놓고 싶다네, 그대여
그대를 붙잡고 아무리 불러도
다시 돌아올 리 없는데
부여잡고 해마다 화인의 고통을 되새긴들
그대에게 무슨 의미가 있으리
이미 그대는 내 앞에 없고
그저 한자락 기억일 뿐이지 않나

受想行識 亦復如是(行2)

살아생전에 좀 굵은 똥을 누겠다고
자동차 생산회사의 노조가 머리를 썼다

자동차 시트 만드는 업체
자동차 타이어 만드는 업체
자동차 범퍼 만드는 업체
· · · · · · · · · · · ·
자동차에 들어가는 이만여 개 부품업체들
사장이나 대표들을 불러 모으고 하는 말

이번에 우리 노조원 임금 올려야겠으니
앞으로 귀사들의 납품단가를 낮추시오

자동차야 부품의 조립품이니
조립하는 자동차 회사가 구입하지 않겠다면
부품 납품하는 회사는 망하는 수밖에 없어
울며 겨자 먹기로 납품업체들은 납품단가를 동결하였다고
이로써 납품업체 종업원들 봉급도 동결하였다고
도하 언론에 굵직굵직하게 회자되었는데

힘 센 것이 힘 약한 것을 약탈하는 것이야
세상살이의 기본 아닌가, 강변을 해도
같은 노동자들끼리 너무 야박하다는
납품업체 종업원들의 억수같이 쏟아지는 비난
전쟁터에 쏟아지는 총알보다 많았겠제

지가 누는 똥이 뭐라고
똥 굵게 누는 것이 뭐 그리 대단한 것이라고
똥이 굵으면 또 얼마나 굵을 것이라고
힘 드는 사람들 더 힘들게 하나
지 똥 조금만 가늘게 누면
납품업체 종업원들 조금은 기름진 똥을 눌 수 있을 텐데

원래 지똥부터 챙기는 게 사람의 본성이라지만
남의 똥 기름을 빼내 지똥 살찌우는 건 거시기허제

受想行識 亦復如是(行3)

1.
길거리를 요란스레 시끄럽히며
풍선인형이 춤을 춘다
바람을 잔뜩 넣고, 너울너울 춤을 춘다
스스로 춤추는 것을 아는지 모르는지
알 수 없지만, 신명을 돋우며 춤을 춘다

누가 시키지 않았는데, 춤을 춘다
잔뜩 든 바람이 흔드는 대로
꺾였다, 휘어졌다, 춤을 춘다

어느 순간에 바람이 빠지면
갑자기 푹 쓰러지는데
쓰러진 모습이 너무 참혹하다
입모양, 코모양, 눈모양, 귀모양…
춤출 때는 완연하더니
바람빠지고 쓰러지니 어디론가 모두 사라졌다

2.

국회의원이랍시고 눈높이 치켜 올리고
목에 힘주며 거들먹거리던 자, 어디로 갔나
바람 잔뜩 든 풍선인형처럼
칠락팔락 깨춤을 추어대더니
어디로 가버리고 이제는 보이지 않나

국회의원 떨어지고 아예 노숙자가 되었다는데
전설처럼 회자되는 거들먹거리던 모습
지금에 와서 늙고 추한 모습이라니
누가 한 사람 따뜻한 손을 내밀지 않고
한 때 떠받들던 사람들, 더 매몰차게 돌아서누나

3.

보시게나, 그대여
사람일이란 풍선인형과 같은 것
바람 들었을 때
날리지 않도록 조심하시게
조금이라도 바람이 들 기미가 보이거든
금방 나에게로 달려와, 한잔 술이나 나누시게

우리는 친구이니
한 잔 술로 바람을 빼야하지 않겠나
그렇게 바람이 빠진 자리에
그대, 우뚝 서 있을 것이네

受想行識 亦復如是(行4)

1.
생각해 보면, 한평생이란 게 고작 100년도 안 되는 것인데
무슨 욕심으로 불로장생을 꿈꾸었을까
수많은 사람과 기술자들을 동원하여
지하 아방궁을 축조하고
비밀을 지키기 위하여 모두 죽였다는
역사 아닌 역사의 진실 앞에
후손들은 오히려 놀라워한다

그 시절에 그토록 아픔이 컸을 것이지만
이는 두 눈을 제대로 갖춘 역사학자나 지적할 일
기껏해야 하루살이에 불과한 사람이야
입에서 나오는 대로, 눈에 보이는 대로
말 하고, 느낄 뿐이지, 그것이 사람답지

2.
약간은 비겁하다고 말하지 마시게
원래 이 지상에서의 기름진 삶을 바라는 것은
사람의 생리인 것을, 인정하고 나면 그뿐

잘못을 드러내어 비난할 것은 없는 일이지
그러니 날 보고도 욕하지 마시게나

불노장생의 비밀을 찾아 뭇사람들을 부리고, 죽이는 것이야
영웅이나 하는 일이지, 그리고 그것은
후세에 찬탄과 칭송을 받을 일이지
평범한 인간들로서야 오로지 비난만 받는 것을
진작에 알지 못한 것도 죄라면 죄인 게야

3.
권력이란 마약도 이와 같아서
한 번 빌붙어 비루먹기 시작하면 끝 간데 없어
그게 보통사람이든, 종교를 믿는 사람이든 무에 다르랴만
그래도 스스로를 지도자 축으로 생각하는 사람들
뭇사람에 비하여 모범을 보일 필요는 있을 게야

생각해 보면, 고작 100년도 안 되는 한평생을 놓고
죽음에 대한 두려움과 삶에의 갈망이
얼마나 크게 흔들고 있을까, 그것은
보통사람이든, 지도자든 다를 바 없는 것을
미련스레 지상에서 권력을 탐하는 것도
다 이에서 시작하는 것이 아니겠는가

受想行識 亦復如是(行5)

모두 같이 가기(大乘)로 함 해보자

뇌에 이상이 있는 이
팔, 다리 사지가 이상한 이
심장, 콩팥, 허파가 이상한 이
그리고 모든 것이 멀쩡한 이

가난해서 한 끼 식사도 어려운 이
늙고 힘없어서 누울 자리도 보전 못한 이
집 잃고 쫓겨나 길거리를 헤매는 이
그리고 부와 명예를 모두 갖춘 이

모두 같이 가기로 함 해보자

잘 걷지 못하는 이에게는 부축해 주고
허기져 허덕이는 이에게는 밥을 주고
병들어 누운 이에게는 의약을 주고
잠자리가 없는 이에게는 잠잘 곳을 마련해 주고

미련 없이 함 줘보자
원래 맨손으로 와서 맨손으로 가는 것(空手來空手去)이
인생이라 하는데, 악착을 떤다고
가져갈 것은 없지 않겠나

주고 또 주고, 버리고 또 버리다 보면, 그러면
그 가운데 그대 모습 우뚝 솟으리니
그대 눈에는 보이지 않을지라도
뭇사람들은 그대 모습을 볼 수 있으리

受想行識 亦復如是(識1)

산더미처럼 쌓인 서적과
멋있게 해석한 수많은 주석서를 끌어안고
오늘 우리는 신음한다
말미를 어디서부터 잡아야 할지 알지 못하는
당나귀보다 어리석어, 그 많은 말씀들
산으로, 들로 제자리를 비워버린 지 이미 오래

창고가 가득하도록 지식을 쌓아 두고서도
오늘 우리는 편견과 오만을 벗어나지 못한다
오랜 시간동안 축적해 온 수많은 가르침이
책속에 감추어져 있음을 알지 못한 채
오히려 한 줄 시답잖은 지식으로
편견과 오만을 더 높이 쌓고 있다

낫 놓고 기역자도 모르듯
쓰임새를 모르는 연장이라면
오히려 거추장스럽게 걸리적거리는 것이 되듯
책속에 지식을 가득 담아두면 그뿐
한줌의 지혜도 당나귀만 못하여
책이 쌓일수록 더 팍팍해지는 삶이어라

受想行識 亦復如是(識2)

해인사 장경각 안에선
팔만대장경의 거룩한 말씀들이
한강을 거꾸로 걸어 놓은 듯 흐르고 있었다

드나드는 바람이 알아듣고
바람 따라 달빛이 알아듣고
바람에 실려 멀리 소나무가 알아듣고
소나무 속삭임에 구름이 알아듣고
구름이 빚어낸 빗방울이 알아듣고
빗방울 모인 강물이 알아듣고
강물이 모여 이룬 바닷물이 알아듣고
물 받아 살아가는 산천초목이 다 알아들어도

오로지, 사람만이 알아듣지 못한 채
티끌보다 가벼운 재산을 다투어
티끌보다 가벼운 명예를 다투어
티끌보다 가벼운 권력을 다투어
끊임없이 서로를 겨냥하여 아픔을 짓는다

해인사 장경각 안에는
팔만대장경의 거룩한 말씀이 가득 흐르고 있는데
팔만대장경을 고이 모신 사람들은
그 거룩한 말씀들 한 자락도 제대로 새기지 못하고서
서로가 서로를 겨누어 상처만 입힌다

受想行識 亦復如是(識3)

아는 것이 병이라
한 치도 되지 않는 앎을 가지고
남을 업신여기는 죄가 태산일터

화려한 언사로 잘못을 호도하고
섬뜩한 언사로 공포를 조성하고
삿된 언사로 이간질을 짓고
교언영색으로 아유를 일삼으니

참된 앎의 본색이 어디에도 드러나지 않는다

해인사 장경각 안의 팔만대장경이라도
한 줌 깨달음에 이르지 못할진대
기껏 몇 줄의 글로서, 말로서
병든 뜻을 고치기 실로 어렵다네

원래 사람은 자연과 더불어 나서
자라고, 그리고 죽어가는 것인데
앎이 먼저 죽어 버리니
삶의 구제는 다만 아득할 뿐이네

受想行識 亦復如是(識4)

어린 시절, 할아버지께서 가르쳐 주신
천자문을 뜯어 연을 만들었지
대나무 가늘게 쪼개어 살을 짓고
천자문을 뜯은 백지로 살을 감쌌지
손때가 묻어 글자보다 더 까매진 백지위에
낡은 글자들이 그대로 묶여있었지

천자문으로 만든 연은 겨울바람을 타고
높이, 높이 하늘로 날아올랐지
천자문 글자들도 함께 날아올랐지
하늘 天
따 地
검을 玄
누를 黃
천 개의 글자들은 너울너울 춤을 추며
천 개, 만 개 불어났지
자유롭게 훨훨 날면서 점점 더 커지더니
마침내 하늘을 가득히 덮었지

그날 저녁 아버지께서 나무라실 때
할아버지께서 말씀하셨지
얘야, 글자들이 춤을 잘 추더냐고

손자는 지금도, 할아버지 말씀과
하늘 가득히 너울거리던 글자들을 기억하지

受想行識 亦復如是(識5)

摩訶般若를 얻을 수 있다면
摩訶般若를 얻어 波羅蜜多를 할 수 있다면

해인사 장경각 안에
천년을 고이 모셔져 내려오는
팔만대장경
그를 구워서 먹으리

머리부터 발끝까지
머리털 한 올부터 발톱 한 조각까지
하나 남김없이 구워서 먹으리

구워 먹다 싫증이 나면
삶아서 먹으리
삶아 먹다 싫증이 나면
푹 쪄서 먹으리
쪄 먹다 싫증이 나면
아예 날로 먹으리

摩訶般若여
摩訶般若여
큰 지혜로움이여
팔만대장경을 장경각 째로 태워버려도
한 줌 재로 되었다, 바람 따라
그 마저도 훨훨 자유로워질 것이니
팔만대장경 한가운데
꼭꼭 묶여 숨도 크게 쉬지 못하고 있는
摩訶般若여
그리움은 강물처럼 흐르나니
그마저도 잊어 가는 물길 한가운데

諸法空相

1.
큰 아들 태어나 백일이 되기까지
사람들은 손오공이라 하더니
이십을 넘긴 지금에 이르러
멋있는 청년이라 한다

작은 아들 초등학교 다닐 때
키도 별로 크지 않고 살찐 편이더니
지금에 그 시절 친구들 만나면
너무 균형 잡힌 몸매라 몰라본다 한다

기껏해야 두 아들 키우는데 이렇게 변화무쌍한데
온갖 세상살이야 오죽하리
오늘날 60억이 넘는 사람들만 해도
그 나고 자람과 병들고 죽음이 갖가지 형태로 이루어지니

아프리카 검은 대륙의 저 주려 죽는 사람들의 참혹함을 보라
아메리카 할리우드 유명 배우의 저 화려한 장례를 보라

2.
내 결혼한 이후로 마눌과 다툰 것이 부지기수이니
서로 살아온 환경이 다르고
서로 교육받은 바도 달라서
또한 서로 생각하는 바가 각기 달라서였는데

결혼하고 20년을 넘기면서
살을 맞대고 잠을 자며
두 아들을 낳아 기르면서
많은 공통점을 가지게 되었을까
이제는 다투는 회수와 주제가 옛과 아주 다르다

3.
생각하는 것이 사람마다 각기 다르니
저절로 행동도 서로 달라
같은 현상을 앞에 놓고
설왕설래, 다툼이 극심한데

한 나라의 대통령의 자질을 놓고
그 치국의 모습을 놓고
서로 생각하는 바가 달라
원숭이 바나나 다투듯 소란스럽다

4.
모든 현상의 나타남과 쓰러짐이
각기 나름대로 정해진 질서에 쫓고 있어
그 자연스런 질서 속에서 돌아감이 당연한 것인데

사람의 사회적 속성이
태어나서 습득한 것이라 해도
어찌 그 생성하고 소멸함이 이 돌아감을 벗어나리

언제나 모든 것이 태어나고
자라고, 소멸하는 길 위에서
시시각각 다른 모습을 보이다가, 마침내
온 곳으로 돌아가는 것인즉

諸法空相 不生不滅

1.

억겁의 시간 속에서
나고 없어짐은 찰나에 불과한 것

57억년의 겁이란 햇수에
고작 백년의 햇수를 비교해 보라
거기에 더하여 수 겁, 수십 겁을 또 견주어 보라
어찌 있음이 있다하리
있음도 있다 할 수 없으니
자연 없음이라

2.

열린 창으로 소란스러운 일상의 시작에 잠이 깨어
창틈으로 새어드는 도회의 해돋이를 구경한 후
세수를 하고, 밥을 먹고
지금 출근을 하였으니
이와 같은 나의 하루하루가 없다 할 수도 없음이라

3.
기나긴 시간 속에서
내 있으나 있음이라 할 수 없고
오늘의 실존 속에서
나는 분명히 존재하니

모든 실질 존재는 이와 같아
비었다 차고 다시 비어
끊임없는 생성과 소멸의 연속인 것을

4.
그러니 두려워 말라
오늘 태어난 너의 자손이 태어남이 아니고
오늘 돌아간 너의 선조가 돌아감이 아니니
있는 대로, 없는 대로
모든 것이 그렇게 왔다간 가고
다시 올 것인즉
그 한가운데 네가 있을 것인즉

諸法空相 不垢不淨

연꽃은 아름답고 향기로우나
원래 그 뿌리를 뻘 속에 내려
캄캄하고, 더럽고, 탁한 기를 자양으로 삼고
목련은 아름답고 씩씩한 품성으로 꽃을 피우나
원래 그 자태를 하늘로 내밀어 오연하여
땅에 떨어져 밟힌 모습, 너무 참혹해라

꽃이란 대개 이와 같아
아름답다 감탄하고
더럽다 회피하려 함이야
인지상정이라 할 수 있을지라도
그 태어나고 자라 쓰러질 때까지
수많은 변화를 거듭하는 가운데
더럽고 깨끗함이 수없이 되풀이 되는 것

더러움과 깨끗함의 경계를 훌훌 털어버리고
같이 바라보는 자유로움이여
그대의 눈은 참 바르게 뜨였다 하리

諸法空相 不增不減

1.
조훈현, 이창호, 이세돌이 입신이라도
바둑을 둘 때
늘 이기고 짐이 함께 한다
반드시 이기고 질 수 있도록
게임의 규칙을 정해 놓았는데
입신인들, 게임을 하는 이상
어찌 이기고 짐의 승부가 없으랴

2.
광막한 아라비아의 사막이라고
바람이 불면
늘 더하고 줄어듦을 함께 한다
바람에 날리도록
모래가 작고 가벼운데
아무리 넓은들, 바람이 불어오는 이상
어찌 늘고 줄어듦이 없을 수 있으랴

3.

저 드넓은 바다의 물이야
어디 더함이 있으랴
강물이 아무리 흘러들고 또 흘러들어도
결코 더 불어나지 않으니

저 드넓은 바다의 물이
어디 덜함이 있으랴
태양이 아무리 말리고 또 말려도
결코 더 줄어들지 않으니

4.

깨달음이란 바닷물과 같아서
아무리 더해도 더해지지 않고
아무리 덜어도 덜어지지 않아

언제나 같으니
까마득한 수행의 길 저편에
가장 으뜸으로 우뚝 솟아 있음이니

空中無色

학창시절에 좀 열심히 공부한다고 하면
두어 시간쯤은 언제 지나갔는지 알지 못했다
오히려 주어진 분량의 공부를 마치지 못하여
서운함은 더러 있었지만

젊은 시절, 스타워즈라는 영화를 보면서
상영시간이 왜 그렇게 빨리 지나가는지
도대체 이해할 수 없었다, 남들이 말하기를
몰입해서 그렇다 했지만

지금에도 바둑을 두면
1시간정도는 언제 가는지 알지 못한다
지루하다는 생각이 전혀 없고
피로하다는 느낌도 전혀 없다

이들 시간동안은 내 자신이 있음을 알지 못한다
남이 일러 주는 말에, 몰입을 알았지만
몰입하는 동안은 내가 존재하지 않는다
나의 존재가 없어짐으로 다른 존재도 일체 사라져버린다

나를 잊고 다른 것도 잊어버리는 것
삶이란 그 무게만큼 잊기 어려우니
잊기 위하여 비울 수밖에
나와 다른 존재를 잊기 위하여
삶의 무게를 줄일 수밖에

空中無受

어무이, 어릴 적 당신께서 드신 매는
지금에 아무런 기억도 없습니다
왜 맞았는지
얼마나 아팠는지
어떻게 맞았는지
생각해내려 해도 생각나지 않습니다

어무이, 아들이 자라
그 아들에게 매를 들 때엔
가슴이 저릿저릿하고
눈앞이 먼저 깜깜해지는데
왜 어무이 드셨던 매는 아무런 기억이 없을까요

맞긴 했는데
살살 때리셨기 때문일까요
전혀 아프지 않았기 때문일까요
혹시 어무이께서 그냥 때리는 척만 하신 걸까요
아니면 어무이 매는 사랑의 매라
매질이 아닌 사랑질이었기 때문일까요

어무이, 그 때 매를 맞아가며 자란 아들
아비가 되어 아들에게 매를 들 때면, 언제나
어무이 생각이 나더이다, 이제는 저 천국에서
하나님의 옆에 계시는 어무이
이제는 이 지상에서 아들에게 매를 드실 수 없는
울 어무이, 어무이께서 남겨 주신 사랑의 매가
살아남아, 오늘에 아들의 푯대가 되었습니다

空中無想

1.

어둠이 짙게 깔린 시골 구석진 항구에
비가 내리고, 어둠이 더욱 우울해질 무렵
30촉짜리 전등엔 파리똥이 그득히 앉아
불을 켜도 켠둥만둥하고, 그 아래
우두커니 앉은 늙은 작부의 입술위엔
짙은 립스틱이 더욱 을씨년스럽도록
거무스름하게 빛을 돋우고 있었지

앞에 앉은 늙수그레한 사내, 언제부터인지
알 수 없는 기다림으로 목구멍이 짜하도록
독한 소주를 깍두기 한 접시 앞에 놓고
말없이 들이켜고, 꿀꺽거리는 목젖을 따라
회백색 구레나룻이 파리똥 틈으로 어스름히
비치는 불빛에 진저리를 치며
아래위로 흔들리고 있었지

2.

묻지 마시게
역시나 파리똥 잔뜩 앉은 유리창과
그 틈으로 새어드는 바닷가 비바람 소리와
훌쩍거리는 술잔과
멀뚱히 서로 응시하고 있는 힘없는 눈
그리고 입가에 느릿하게 드리워진 주름이
이미 두 사람 사이에서 오간 말들을 증언하는데
무얼 더 알고 싶은가

무엇이든 알고 싶은 생각에
견딜 수 없이 궁금해질 때도
가끔은 그냥 지나가 주는 아량도 필요한 게지

3.

둘이 오늘 처음 만나는 사이라서
쑥스러움이 더 적은 것을
이미 서로가 늙어 감을 익히 알고 있는 처지에
여기 저기 주름이 좀 있은들
하룻밤 정을 나누기에 걸릴게 무언가

아직 다하지 않은 경험이 조금은 살아 있어
터지는 사정에 따라 조금은 오르가즘을 느끼는데
그것마저 슬픈 것이라며
돌아눕는 여인의 쪼그라든 젖가슴이 슬퍼라
사내의 몸이 다시 달아오를 위험은 전혀 없지만
그래도 꾹 안아 주리, 하룻밤 사랑도 사랑이거든

4.
시간이 지나면 자연스레 떠나 버릴
기억을 부여잡고 울고 있구나, 여인아
밖에 부는 바닷가 비바람이야
하도 많은 세월을 홀로 보냈기에 저리 울지만
그래도 그대는 내 가슴에 안겨 있지 않은가

그러게나, 그 기억의 줄을 놓고 보면
처음 만난 낯선 사내의 가슴에도 체온이 있어
껄끄러운 삶의 길에 다소 윤기를 보태니
마냥 옛 생각에 빠져 살 일만은 아니지 않은가

空中無行

1.
강아지는 주인이 채운 족쇄를 목에 건 채
전신주에 한 다리를 걸고 오줌을 누었다
많지도 않게 한 줄금 찔끔거리고는
턱 내려와서 시원한 듯 몸을 부르르 터는데
여주인은 신기한 듯, 부러운 듯
물끄러미 바라본다, 수캐의 거시기는
이미 안으로 깊숙이 들어가 버렸다

2.
조계사 앞에서 미국산 쇠고기의 안전성에 관하여
논의하는 중에, 자신과 의견이 다르다고
회칼을 들고 와 다른 사람을 찔러 중태에 빠뜨렸다
경찰 발표에 의하면, 우발적 범행이라고 하는데
여러 정황으로 볼 때, 도저히 우발적이지 않다는 것이
내 마음의 의혹이다, 사실을 조사한 경찰의 발표를
나는 믿지 못한다, 마음속의 미혹 탓이다

3.
수세식 화장실에서 시원하게 똥을 누고 나니
답답하던 배가 쑤욱 가라앉는다
무엇이든 가득차서 비워지지 않으면
이리 답답한 것인데, 채워 두는 것을 자랑삼아
떠벌리는 사람들이 더러 있어
얼마나 답답할까, 새로운 것을 먹기도 힘들 텐데

4.
걸레스님은 술에 취해 한겨울 길거리에 쓰러져
이리딩굴 저리딩굴 하면서
길거리 청소를 하였다, 어느 구청장이
환경미화상을 주랴만, 괘념치 않고 적어도
일주일에 한번 씩은 온몸으로 길거리 청소를 하였다
술 먹고 죽으나, 얼어 죽으나, 늙어 죽으나
죽기는 매일반인데
걸레스님은 그래서 걸레로 통한다

5.
강아지가 전신주에 오줌을 누건
폭력배가 칼로 살인을 하건
뱃속에 찬 똥을 누건
걸레스님이 온몸으로 길거리 걸레질을 하건
뭐 다른 것이 있을까, 눈을 들어 보면
한 방울 물보다 작아 보이고
그나마도 스쳐 지나가는 바람인 것을

空中無識

1.
울 아버지 살아생전에 4대조 할아버지까지 제사를 모셨는데
제사상은 항상 상황에 맞게 하자 하셨다 삼촌들께서 불평하셔도
너희가 지낼 것이 아니거든 내 말에 따르라 하셨다 삼촌들은
실없는 트집이었는지, 그 말 한마디에 꼼짝도 못하셨다

제사상 차리는 음식도 간소하게, 그 차리는 순서도 큰 틀에서
맞으면 무사통과, 막내아들 더러 제사상 차리란 말씀 자주
하셨는데, 웬만하면 잔소리 없이 그냥 통과셨다

간혹 막내아들이 제사상 차림이 격식에 맞는지 여쭈오면, 하시는 말씀
야야, 조상님들 맛있게 묵으면 되지 격식은 크게 따져서 뭐하노

2.
대학 시절 어느 교수님은 자신의 지식을 크게 자랑하시면서
대한민국에서 그 분야에서의 자신의 위치를 크게 강조하셨지
여러 가지 사례도 섞어 가며 입에 침을 튀기셨는데, 매번 강의의
삼분의 일은 자신의 공치사로 보냈다 아, 대단한 분이시구나

세월이 지나면서, 그 분야에 관하여 조금씩 눈을 떠가기 시작하자
그 교수의 공치사의 태반이 공치사였음을 알게 되었지 이럴 수가
허탈하기도 했지만, 또 세월이 지나면서 그 정도야 대부분 내세우는
공치사라는 것을 알고서, 아 세상이란 그런 것임을 알게 되었지

3.
자식을 낳아 기르고, 후배들을 맞아 생활하면서
나 자신도 허풍이 늘고, 사실 한 뼘도 안 되는 지식으로
마치 커다란 지혜라도 가지고 있는 양 奉大해왔다
나이가 知天命이 되도록 아직도 그런 모양을 고치지 못하니

아, 옛날 농부의 아들로 태어나, 농민으로 자라시고
마침내 농민으로서 돌아가신 울 아버지
세월 속에 더욱 아름답게 빛나고 있었다

空中無眼

지그시 내려감은 눈꺼풀 위로
동해에서 막 솟는 햇살이 비치면
아침의 온기가 사시사철 그 위에서 빛났을 것이다

햇살이 눈부셔서 뜨지 못한 것이 아니라
햇살이 부셔질까 가만히 감고 있었던 것
그런 이유로 참으로 오랜 세월동안
나무며 칡덩굴에 묻혀 지내시다
깨어 보니 천년의 잠이었네

눈은 감은 채로 지그시 밖을 바라보니
아직은 동해에 운무가 자욱하고
바람은 산새며 나무들의
밤사이 지내온 사연들을
날라와 내려놓는데

빙긋이 웃는 웃음 한가운데
보지 않아도 보이는 것
보이지 않아도 보는 것
석굴암, 부처님의 얼굴에는 뜬 눈이 없다

空中無耳

지관 조계종 총무원장이 탄 차가 검열을 받았다고
조계종 스님들이 모두 들고 일어나, 각자 한마디씩
종교분쟁을 나무라는데
어린 경찰이 검문하건 말건, 비어버린 가슴에
들리는 것이 무에 있다고, 검열에 열 받았을까
자존심 상한 것도 귀가 얇은 탓이지

두터운 귀에 바람이 분다고 솔깃해 하랴
얇은 귀에 가르침이 전해진다고 두터워지랴

울 아버지 가난한 농민으로 사셨어도
삼촌이나 동리 사람들 웬만한 일들로 흉을 볼 때면
들어도 못들은 척, 못 들어 못들은 척
그냥 허허, 웃으시며 보내셨는데
지관 스님은 상당히 도를 닦아 조계종 총무원장이 되셨는데도
가난하고 무식했던 울 아버지보다 귀가 얇아

차라리 귀지나 가득 채울 일이지

空中無鼻

1.
오뚝한 콧날은 미인의 상징이라서
미인을 꿈꾸는 여성들이 코 높이기
성형수술을 많이 한다는 강남의 전설
어버이 물려주신 DNA의 유혹을 뿌리치고
칼날을 들이대어 미인을 만드는 것
시절이 참 좋아진 탓이라
그것도 사람들 중에 아무런 거리낌 없이
받아들여지고 있는데

2.
예로부터, 벼슬자리가 조금 높거나
학문이 조금 있어서
거들먹거리는 사람을 두고
콧대가 높다고 칭하였고

오늘날에도 자부심이 강한 사람에게
콧대가 높다고 하는데

3.
왕복 사십 리 길을 걸어 다니던
초등학교 시절
지금은 사격장이 되어 버린
공동묘지의 무덤가에서
도시락을 먹곤 했지

검정 보리알이 굵기도 했던
하나 둘 있을까말까 하던 쌀알이
유난히 희게 보였던
그런 도시락을 꺼내 놓고 한참
밥을 먹고 있는데, 바로 앞에
언제 누어 두었던지
누가 누어 두었던지
알 수 없는 똥 한 무더기가 있고
그 냄새가 자못 심해도
그냥 그 자리에서 무심히
도시락을 먹어 치우곤 했었지

4.
코가 기능적으로, 혹은 사회학적으로
여러 가지 의미를 상징하지만
가장 중요한 것은, 역시
숨을 쉬도록 함으로써 생명을 유지하는 것

5.

코가 아름다움의 척도라거나
코가 자부심의 상징이라거나
코가 냄새를 맡는 기관이라거나
코가 숨을 쉬는 도구라는 것
모두 내가 있음으로써 기인하는 것일 뿐

내가 나를 버리고
내가 나를 떠나서
마침내 내가 있는지 없는지
알 수 없는 때
그 때에는 코가 무슨 의미가 있으랴
코도 없어지는 것이니
코의 모든 기능도 없어지는 것인 즉

空中無舌

1.
세치 혀로 말을 하지
이를 일러 의사표현이라 하는데
달리 혀칼(舌劍)이라고도 하지

좋은 말로 다른 것을 칭찬할 때는
그 기운을 북돋아 주고
그 즐거움을 배가시켜 주고
그 아픔이나 피로를 덜어 주어
마침내 삶의 질을 크게 높여 주지

나쁜 말로 다른 것을 씹을 때는
그 기분을 상하게 하고
그 즐거움을 감소시키고
그 아픔이나 피로를 증가시켜
마침내 삶의 질을 크게 떨어뜨려 버리지

2.

세상일이란 모든 게 상대가 있는 법이지
해서 혀도 늘 그 상대가 있어
항상 대척점에서 서로를 견제하기 마련이지

남을 칭찬하면
그 칭찬이 다시 나에게로 오고
남을 비방하면
그 비방이 다시 나에게로 오지
그 결과 나의 말로 인하여
내가 도움을 받거나 피해를 입게 되지

3.

말 한마디로 천 냥 빚 갚는다는 속담이 있듯이
말을 진실하게 잘 하면 남을 감동시키고
나에게 크게 이로움을 주게 되지

그래서 오늘날 기업경영은
감동경영이 목표인 거야
기업이 상품의 질, 서비스의 질과 양을 크게 높여
고객이 감동을 먹고 자사의 상품을 쓰도록 하는 것인데
상품 판매량이 늘게 되어
결국 생산 기업이 이익을 보게 되지

4.
혀란 그런 것인데
혀를 잘못 사용하여
남도 괴롭히고 자신도 고통을 받는
그런 일은 없어야 할 것인즉

버리는 것이 먼저라
내가 나를 버리고
남보다 나를 낮추면
그게 바로 혀로서 짓는 德業인지라

있고 없음이 한가지라

空中無身

1.
소금을 뒤집어쓰고
미꾸라지 떼가 요동을 치고 있다
삶의 위협을 온몸으로 느끼고
삶을 지키기 위하여 몸부림치는 것일 게다

2.
밥이 뜸지고 있는 가마솥 전에
고양이가 올라가더니
용수철처럼 튀어 달아난다
생명을 지키려 반사적으로 반응한 것일 게다

3.
어릴 적 사랑방 화롯가에서
밤을 구워먹던 때
익은 밤을 주우려 손가락을 집어넣었다가
후다닥 빼내 호호거린 기억이 있다

4.
그 옛날, 먼 친척뻘 할아버지께서
폐병으로 세상을 뜨셨을 때
산골로 들어가 화장을 하고
그 뼈를 추려 장례를 치룬 것을 기억한다

5.
돌이켜 보면, 생과 사의 갈림이 몸(身)에 있어
피가 돌고, 근육이 움직이면 살았다 하고
피가 멎고, 근육이 멈추면 죽었다 하는데
허무해라, 이로써 삶과 죽음의 분별을 지음이여

空中無意

1.
소나무는 날씨가 추워야
비로소 그 절개를 보여주고
대나무는 꺾어 보아야
그 곧음을 보여주네

대저, 마음을·갖추고 뜻을 세워
용맹정진으로 얻은 커다란 지혜
오늘에 우리가 사는 의미가 되리니

2.
고등학교 시절부터 대통령 되겠다고
바람벽에 써 붙이고, 일평생 노력하여
드디어는 대통령이 되었다가, IMF라는
외국인의 기구에 의하여 경제가 지배되는
막장 같은 상황을 초래한 김영삼 전 대통령

3.
전 세계에 공산혁명을 일으켜
노동자, 농민의 천국으로 만들겠다고
일평생 독재를 하다
온 국민을 가난으로 몰아넣고 죽은
또 하나의 막장 같은 인생을 산 김일성

4.
무엇이 무엇인지 모를
어릴 적부터 산문에 몸을 담아
일평생을 정진하고, 또 정진하여
살아생전에 세속의 잡사에서
흔들림 없이 자유로웠던 성철 스님

5.
누군들 뜻을 세우지 않은 이 없고
누군들 그 뜻으로 입신하지 않은 이가 없으나
또한 그 누구도 영생불멸이란 없고

다만, 의미 없는 이름만 남긴 채
덧없이 죽었거나 죽어가고 있음이라

空中無色

눈을 감아 보아
그리고 마음으로 나를 그려 보아

생명을 들이키는 숨소리가 들리고
생명을 나르는 맥박 소리가 들리고
생명을 지키는 체온의 파동치는 소리가 들리지

때로는 생각의 변화가 파도처럼 왔다간 가고
때로는 마음의 변화가 바람처럼 일었다 가라앉고
때로는 심경의 변화가 소나기처럼 쏟아지다 멈추고

눈을 떠 보아
그리고 이 모든 것을 바라보아

바로 그 자리에서
전과 다름없이
멀뚱거리는 육신과
탐욕에 빛나는 두 눈과
벌름거리는 코
그리고 앙다문 입만 보일 뿐

다시 눈을 감아 보아
이 모든 것을 내버리고
마음마저 비우고
나를 바라보아
내가 거기에 아직 있는지

사라져 버렸다고 말하지 말게나
그대나 나나 그리움에 지쳐
마침내 소멸되어 가는 존재라 하더라도
가슴에 부둥켜안고 눈물로 씻어준
그런 사람이었노라고 말해 주게나

空中無聲

소리는 듣고자 해서 들리는 것이 아니고
소리는 듣지 않고자 해서 들리지 않는 것이 아니니
소리를 들으려면 다른 무엇이 소리를 내야하고
소리를 듣지 않으려면 다른 무엇을 써서 소리를 막아야 하니

들어서 좋아 듣고 싶을지라도
그런 소리를 내 주지 않아 들을 수 없고
들어서 좋지 않아 듣고 싶지 않을지라도
그런 소리를 멈추어 주지 않아 들을 수밖에 없어

산다는 것이 원래 바라는 것만 이루어지지 않음이요
산다는 것이 원래 바라지 않는 것만 닥쳐오는 것이 아닌 것을
이루어지고, 오는 것들
이루어지는 대로, 오는 대로 두어보면 어떨까 하듯
소리도 원래 그러한 것이거니

空中無香

복숭아, 네가 그 아름다운 열매를 맺었을 때
네 가슴속에는 싱그러운 향기가 돌았다

복숭아, 네 유혹하던 몸이 썩어갈 때
네 몸에서는 역한 구린내가 코를 찔렀다

복숭아, 썩어가는 너를 땅에 묻어 버렸을 때
향기도, 구린내도 어디론가 모두 사라져버렸다

네 원래의 향기는 언제나 늘 같은 것이라도
네 빠져 있는 처지에 따라 냄새가 다르니
무엇이 네 진실한 향기인지 알 수 없어라

향기도 구린내도, 원래는 분별에 의해 나온 것인즉
분별이 없다면 모든 냄새가 분별되지 않으리니
분별을 버리면 냄새마저 버리는 것이라네

空中無味

한 상에 기십 만원 하는 식사를 하였을 때나
라면 두 개를 삶아 먹었을 때나
함포고복(含飽鼓腹)하기는 마찬가지더라

먹는 맛이야 다르겠지만
몸 안으로 들어가 배 불리고
생명을 유지하는 영양을 취하기는 같은 것

맛을 분별하여 더하고 덜함을 구하는 것도
삶에서 즐거움일 수도 있으려니와
대가를 지불함이 녹녹지 않은
팍팍한 생활에서야 어디 쉬우리

어려운 일 억지로 하다 보면
삶에 염증이 나게 마련
이로써 흔히 자살로 삶을 포기하는
참혹한 일이 종종 나타나게 되는데

어떻더냐
죽음 속에서
맛있고 맛없음이 분별되더뇨

맛있고 맛없음이 원래 한 뿌리(無味)인데
같은 뿌리를 자꾸 갈라놓으려 하니
참, 바보처럼 세상을 사는 게지

空中無觸

영혼은 그 삶을 유지하기 위하여 육신을 만들고
육신은 그 삶을 유지하기 위하여 촉감을 만들었는데
작금에 이르러 촉감은 살기 위한 것이 아니라
욕망의 충족을 위한 도구가 되어버렸다네

여인의 살결이 부드러워 성욕을 더욱 돋우고
남성들의 이런 성질을 이용하여
여성들은 피부를 더욱 부드럽게 가꾸려하고
여성의 이런 욕구를 이용하여 화장품 사업이 성업하지

부드러운 사물을 놓고 여인의 육체를 연상하니
부드럽고 우아한 털을 찾아 귀한 짐승을 마구 죽이고
이로써 귀한 생명이 점차 세상에서 사라져 가니
사람의 생명과 그 존귀함도 점차 타락하게 되지

아서라, 세월이 가면 달이 차고 기울듯
여인의 부드러운 살결도 거칠어지기 마련
늙고 추한 모습을 놓고 무엇을 구하랴

촉감이 원래 생명을 유지하기 위한 도구일진데
촉감을 이용한 욕망의 수준을 좀 낮추고서
원래의 기능대로 돌려놓음이 어떤가

空中無法(1)

그릇에 물을 담으면
그릇의 모양에 따라 모양을 바꾸고
댐(저수지)에 물을 채우면
가득 찬 후에는 넘쳐버린다
물은 그릇에 따라 모양을 바꾸고
크기에 따라 모자라고 넘침이 있는데

바다를 보라
같은 물일지라도
모양도 없고
더함도 덜함도 없지 않은가

때론 바람이 흔들기도 하고
때론 화산폭발이 밀어내기도 하고
때론 공기의 무게가 누르기도 하지만

그래서 파도가 출렁거리기도 하고
그래서 쓰나미가 몰려가기도 하고
그래서 해류가 도도하기도 하지만

그 뿐, 바다는 언제나
그 모양, 그 색깔 그대로
자신을 지켜가고 있지 않은가

空中無法(2)

영등포시장 어느 한 구석에는
오래전부터 영업해 온 캬바레가 두어군데 있었지
영등포역을 나서는 여행객들과
영등포시장에서 장사로 삶을 살아가는 장사치들
그리고 여의도에서 근무하는 회사원들이
가끔은 그 단조롭고 지루한 삶의 길을 달래려 찾는 곳이었지

그곳에 가면, 늘, 늙은 여배우의 입술에
짙게 칠해진 립스틱의 빨간 색깔이
희미한 조명아래 도드라지게 드러나고
그녀의 눈가엔 짙게 바른 아이섀도의 색깔이
지나가 버린 세월의 시계를 완강하게 치켜세우고 있었지

무대에선 얼큰하게 나이 든 남녀들이
이제는 과거의 힘을 잃어버린 채
그 늙은 여배우가 불러주는 구성진 가락에 맞추어
아직은 남은 가슴속 연민의 정을 삭히고 있었지

늙어 가는 말들이 끄는 마차를
미련의 파도가 덮칠 때
아쉬움의 쓰나미야 피할 수 없지만
그래도 어찌할 수 없는 무력감을 어이하랴

불빛마저 희미하여, 분위기를 돋우고 있지만
이미 가버린 것이 다시 오지 않음이야
이미 온몸으로 체득하고 있는 일
나날이 줄어드는 익숙한 얼굴과
나날이 늘어나는 생경한 얼굴에
차마 절망하지는 마시게, 이제 우리 모두
정리해야만 하는 것이 아니겠는가

空中無法(3)

구름이 끼었다고 해가 없어지지 않듯
먹구름이 끼었다고 하늘이 달라지지 않는다
소나기라도 한차례 쏟아지고 구름이 걷히면
구름에 갇혔던 해가 더욱 찬란하게 빛나듯
먹구름이 지나가고 난 자리에 나타나는 하늘은
더욱 투명하게 파랗다

잠시 어둡고 습한 것이 덮을지라도
원래 환한 것은 빛을 잃지 않듯
잠시 무엇으로 가린다고 하더라도
원래 아름다운 모습이 없어지지 않는다

사람의 일이란 원래 정해진 것이 없다지만
욕망의 때가 끼어 더러울지라도
이때를 벗기고 깨끗이 씻어 내면
그 자리에는 원래 깨끗함이 자리하고 있을 것이네

空中無眼界

아파트 베란다에 마눌이 만든 정원이 있어요

화분이 약간의 흙을 담고
푸른 빛깔의 풀, 나무, 꽃을 키우고 있어요
저 드넓은 대지의 포근함도, 기름짐도 없이
그저 약간의 흙과, 예전에는 나무였을 연탄재 약간
그리고 약간의 부토로 이루어진 화분 속인데도
풀이며, 나무며, 꽃을 잘 키우고 있어요

하루에도 몇 차례 씩 이 정원을 살펴보아요
풀은 풀대로, 나무는 나무대로, 꽃은 꽃대로
키가 달라지고
잎 색깔이 달라지고
꽃 모양이 달라져 있어요
언제나 같은 때가 한 번도 없어요

대견하게 싱싱할 때도 있고
앙증맞은 싹을 틔울 때도 있고
분홍빛 가녀린 꽃봉오리를 수줍은 듯 내미는 때도 있고
손을 뻗어 이웃한 것을 잡으려 할 때도 있고

바람 빠진 풍선처럼 시들할 때도 있고
물을 먹지 못해 말라 가는 때도 있고
영양이 부족한지 노리끼리해 질 때도 있고
시간을 잡아먹고 체한 탓인지 썩는 때도 있고

나날이, 아니 볼 때마다
아파트 베란다에 있는 정원은 조금씩 달라요

空中無耳界

울 어무이 열아홉에 시집오시어

시부모 모시느라
귀머거리 3년을 행하시고
시동생들 거두느라
귀머거리 3년을 더하시고
자식들 키우느라
귀머거리 30년을 더하시고
남편을 섬기느라
귀머거리 평생을 더하시니

어느덧 백당시기 같은 흰머리에
휘어버린 허리더라 하셨네

어무이 무덤가에 둘러싼 쑥부쟁이
귀 닫아라, 귀 닫아라
어무이 무덤가에 둘러싼 억새풀들
귀 닫아라, 귀 닫아라

귀가 얇아 이러 저리 휘둘리는 자식 향한 마음
돌아가셔도 차마 놓지 못하셨나
쑥부쟁이, 억새풀 보내셔
귀 닫아라, 귀 닫아라

空中無鼻界

젖먹이 자식 키울 때 쌌던 똥은
아무런 냄새도 나지 않아
치우는데 그리 어려움이 없었는데

울 아부지 중풍에 걸리셔 싸셨던 똥은
아리도록 코가 매워
간혹 한번 씩 치우는데도 왜 그리 힘들던지

코는 언제나 얼굴 그 자리에 그대로 있더라도
자식의 똥과 아비의 똥을 이리도 달리 알려주는 것이라네

空中無舌界

그대의 무덤에 내 오늘 한 잔 술을 올리노라

날카롭기 천년의 보검보다 더하고
빠르기 전광석화 같아서
그대의 혀 아래 견딜 수 있었던
부정과 비리는 정녕 없었네

내 오늘 그대의 무덤에 한 잔 술을 치노라

지혜롭기 천년 묵은 뱀의 혀보다 더하고
어르고 달래기 미꾸라지보다 미끄러워서
그대의 혀 아래 견딜 수 있었던
충신열사가 정녕 없었네

되새기고, 되새겨 보아도
그대의 혀를 도저히 따라갈 수 없었다 해도
오늘에 남아 한 잔 술로 위로를 드릴 수 있는 것은
그저 묵묵히 봉했던 나의 혀가 아닌가

이제 내 이마에도
세월의 흔적이 넘쳐나는 걸
지금 그대, 비록 땅속 어두운 곳에서
눈감고 있어도 볼 수 있으리

어느 가까운 날에 나의 혀와 그대의 혀가
다시 함께 만날 것도 같은데
그 날에 모든 것이 없어질 것임을 알기에
오늘 그대에게 한 잔 술을 치고자 하네

空中無身界

금년에는 매주 토요일마다
사방 일백 킬로미터 내외에 있는 산을 중심으로
마눌이와 함께 등반을 하기로 결심했지

처음 몇 달은 잘 실천했지
한 번은 차를 가지고 가고
한 번은 차를 가져가지 않고
번갈아 먼 곳으로, 또는 가까운 곳으로

작은 아이 재수하는데
마눌이 수능백일기도 한다고 모 사찰에 등록했지
나 혼자 등산하기가 내키지 않아
그 때부터 등산을 그만두고 말았지

내 몸이라 말하지 마시게
그게 어찌 나의 것인가
태어날 때부터 이미 가족 속에 있었고
자라서도 가족을 이루었으니
가족에 매인 몸인 것을

어찌 가족뿐이랴
직장에서 살아남기 위하여 아부하고
하기 싫은 일도 해야 하고
가까운 동료, 선배, 후배들에게
점심도 쏘아야 하고
그런데도 내 몸이라 할 것인가

이미 내 것이 아닌데
굳이 내 것이라 우기는 것은
살아가는 고통만 가중시킬 뿐
그냥 모든 것이 돌아가는 대로 맡겨두고
웃을 수 있는 대로 웃으며 지내시게

空中無意識界

누군가 정신의 무게를 21그램이라고 추정했다는데
이 가벼운 물질 속에 온 세계, 온 우주가 살고 있다

정신이 생각의 바탕을 이루고
생각의 끈을 좇아
세계와 우주의 방향이 정해지는 것을 보면
정신 속에 세계와 우주가 살고 있음을 알겠다

그런데 참 이상한 일이다
내가 살고 있는 이 작은 대지는 서울의 한 부분이고
서울은 대한민국의 한 부분이고
대한민국은 세계의 한 부분이고
세계는 지구를 이루며
지구는 우주의 한 부분에 불과한데

어찌 내 속에 세계와 우주가 살고 있을까

누군가 말했지, 생각하기 때문에 존재한다고
아, 이제야 알겠다

생각하는 존재 속에 비로소
세계와 우주가 생성되는 것을
내 비록 작은 아파트 한 칸에 살고 있어도
생각의 끈을 영양으로 세계와 우주를 키우고 있음을

空中無無明(1)

맹인(눈이 먼 사람)이 코끼리를 말할 때
전체를 보지 못한다

다리를 만지면 그것으로
코를 만지면 그것으로
상아를 만지면 그것으로
꼬리를 만지면 그것으로

각자 만진 대로 그대로 말할 뿐

눈을 뜬 사람이 내일을 말할 때도
내일을 보지 못한다

기상대에서는 날씨와 엮어서
택시기사는 택시와 이어서
증권투자자는 주식가격과 연결해서
기업가는 제품의 매출금액을 기준으로

각자 자기의 자리에서
제멋대로 말할 뿐

맹인이 코끼리를 말하는 것이나
눈 뜬 사람이 내일을 이야기하는 것이
무엇이 다르랴, 오로지 제자리에서
제 마음에 떠오르는 대로 말할 뿐

안다는 것이 이 정도에 미칠 뿐인데
알면 얼마나 안다고 하랴
서 푼짜리 지식으로 두 푼짜리에게 으스대지 말게나
서 푼이나 두 푼이나 다만 푼일 뿐이니

空中無無明(2)

천순자는 국민학교 4학년이나 되었어도
누런 콧물이 콧속을 들락거렸고
반 아이들은 순자를 코흘리개라 놀렸던가 보다
놀림에 순자가 울면
울보라고 또 놀렸던가 보다

세월이 지나 지천명이 되어
동창회에서 멋쟁이 중년 여인을 만났는데
턱하니 먼저 악수를 청하였고
통성명을 하면서, 말하기를
울보 코흘리개 천순자라고 하대

놀라지 마시게, 세월이 바꾸어 놓은 순자의 모습에
코흘리개, 그 꾀죄죄하던 모습은 어디로 가고
이렇게 멋쟁이 중년 여인이 내 앞에 있질 않나
그 어린 시절에, 어린 마음속에
오늘의 순자가 어찌 그려졌을까

그 시절에 처 두었던 울타리와
그 때에 사용하던 자(尺)가
오늘에도 그대로 있다고 할 수는 없지만
그래도 그 시절에 생각할 수 있었던 천순자는
오늘에 이런 멋진 중년 부인이 아니었지

空中無無明(3)

마늘이 따라 사찰에서 점심 공양을 들었거든
일상에 익숙한 고기 맛이 없으니
착 달라붙는 진한 맛이 없이 밋밋하여
마늘이 눈치 보며, 그냥 한 그릇을 비웠었지

사찰에서는 왜 고기를 사용하지 않았을까

불살생의 의미로 고기를 먹지 않는다는 것인데
생의 한 토막에서 보면
쌀이나 채소도 어차피 생명을 가지고 있음은 같은 것
하물며, 수억 겁의 윤회전생에서 보면
풀과 나무, 소와 돼지 그리고 사람이 무에 다르다고

잔대가리로 살과 생을 구분지어
뭇 문도들에게 지키도록 굴레를 만드는 것
오히려 피안의 강을 건너는 물길의 한가운데 솟아오른
암초가 되는 것은 아닌지?

마음이 가는 대로 흐르고
마음이 머무르는 대로 멈추고
마음이 시키는 대로 하고
마음이 하라는 대로 지키는 것

내가 아는 어떤 큰스님은 고기를 먹고, 술을 먹고
여자와 춤을 추다, 나에게 땡중이라 놀림을 받고
허허 웃으시며 벤치에서 잠을 자고 있었다

空中無無明(4)

울 아부지, 어무이는 소학교조차 제대로
졸업하지 못하셨으나, 할아버지, 할머니
일흔이 넘도록, 여든이 넘도록
잘 모시고 사셨고
세 아들 대학공부까지 다 시키셨는데

나는 마눌하고 살면서
두 아들 교육을 시키는 것도 헉헉거린다
고대광실 집을 산 것도
돌아가시기 전 아부지, 어무이 잘
모신 적도 없이, 기껏 우리끼리만 살면서

누군가 내게, 그대 아버지보다 현명하냐고
묻는다면, 아니라고 대답할 게다
더 똑똑하냐고 물어도, 아니라 할 게다
정녕 아니라고 할 게다

소학교도 제대로 못 나오신 아부지
대학교까지 거뜬히 졸업한 나지만
울 아버지께서 나보다 훨씬 현명하시지
비교할 수 없이 현명하신 게지

空中無無明(5)

해인사 장경각에 보존된
팔만대장경판에는 부처님 말씀이 없다
부처님 말씀이라고 가득히 글자를 새겨 놓았을 뿐
말씀은 이미 모두 죽어 흩어지고, 날아가 버렸다

두타승이 두드리는 목탁소리보다
사미승이 끄는 촛대소리보다
마늘이 외우는 염불소리보다
더 허망하게 흩어지고, 날아가 버렸다

팔만대장경을 새긴 목판을 모두 태우면
몇 그램의 무게가 남을지
혹 바람이라도 부는 날에는
재마저 날아가 버릴 것인데
아무도 그 무게를 알지 못한다

중생을 구제하려 하셨던
부처님의 무량한 말씀의 무게가
삼생 억겁에 가득 찼어도

팔만대장경 목판에 새겨진 아름다운 활자 속에선
숨이 막혀 마침내 죽어 흩어지고, 날아가 버린 게지

해인사 장경각에는
죽어버린 부처가 팔만 개나 엎어져 있는 게지

空中無無明盡(1)

여름날 건넌방에서 낮잠이라도 자다 깨면
쏴르르, 쏴르르 파도소리 일으키며
어머니 키질 하시던 푸른 콩, 흰 콩은
오늘 밥에 들은 것과 아주 다르다

세월 속에 누워 헤아려왔을 파도에
얼만큼 콩이 씻겨내렸나

틈을 주었든, 아니든
틈을 낼 수 있든, 없든
그간에 그냥 지내다가, 이제 와서
푸른 콩, 흰 콩이 달라졌음을
알아보고, 밥상머리에 앉아 설명하는데

마늘의 눈썹 꼬리가 가늘게 들리며
뭘라꼬 분별해서 설명하는데 라고 물으니
대답이 막혀버려, 어물쩡거리는데
피식 웃는 웃음이 오히려 버겁다

空中無無明盡(2)

작업실에 들어가면
옛날 학창시절에 공부하던 책들이 쌓여 있지
책장 속에 있건, 책장 밖에 있건
먼지를 가득 뒤집어쓰고 있는 모습
그 위에 세월의 때가 누렇게 앉아 있지

늘 쳐다보는 것이라고
항상 익숙한 것은 아니라지

영어로 제목을 달고 있는 것들
한자가 제목으로 달려 있는 것들
한글로 제목을 쓰고 있는 것들

적어도 한 번씩은 내 손을 거친 것이거늘
날마다 생소함을 더하는 책도 있어
기억을 더듬어 보아도, 아슴아슴할 뿐
분명하게 들어오는 것이 없는데

어쩜, 의아해 하는 눈 위로
책이 질책하는 것 같다
멍청이, 그런다고 저절로 알 수 있대
라고, 말하는 듯싶다

空中無無明盡(3)

브리태니커 백과사전을 뒤져 보아도, 왜
거미가 교미 후에는 암컷이 수컷을 잡아먹는지
답해 놓은 곳이 없듯이

팔만대장경 경판 어디를 뒤져 보아도
방아깨비의 수컷이 암컷보다 훨씬 작은 것을
알기 쉽게 설명해 놓은 곳이 없듯이

지구상에서 가장 고등한 생물이라는 인류가
태어나서 이제까지 하고 많이 나고 죽어갔지만
여자가 왜 여자이고 남자가 아닌지를
남자가 왜 남자이고 여자가 아닌지를
알아내지 못했듯이

사람이 제 아무리 열심히 정진한다 해도
어리석음을 어찌 벗을 수 있으랴
어리석음을 벗으려는 것 자체가 이미
또 하나의 풀 수 없이 칭칭 감기는 사슬인 것을

부처님 말씀을 적은 수많은 경전에도
깨달음에 목매라 하였으리
깨닫겠다고 목매는 것 자체가
또 하나의 자를 수 없는 질긴 어리석음인 것을

空中無無明盡(4)

석모도 가는 길에
배가 가르는 물살 위로
갈매기들이 떼를 지어 날고 있었지

물살을 향하여 내려 꽂혔다 치솟기를
반복하고 또 반복하면서
서로를 향하여 구구거리는데
무슨 뜻인지 도무지 알지 못하겠다

만물의 영장이라고, 으스대지만
갈매기의 구구거리는 뜻도 모르는 것을
허기사, 갈매기가 저리 날아다니며
그 재주를 뽐내도, 내 말하는 의미를
알지 못함은 나와 같지 않은가

뱃전에 부딪히는 구월 중순 오후의 햇살은 따갑고
뱃전에 치받는 파도의 머리는 충분히 힘이 센데
갈매기도 아는 것을 나도 안다고, 으스댈 수 있을까
햇살은 그냥 미소만 짓고
파도는 그냥 출렁거리기만 했지

空中無無明盡(5)

낙가산 보문사 뒤편에는
커다란 마애관음좌상이 부조되어 있는데

그 곱게 접은 옷깃을 타고 오르다
해 질 녘에야 비로소 햇살이 닿는 곳
거기에 빗물이 째어내려
관음좌상 양옆으로 패인 홈통으로
이끼를 기르고 있었다

천수의 자비로운 마음으로
바람 따라 떠도는
이끼의 포자를 끌어안았을까
두 눈을 반개한 관음좌상은, 말없이
마냥 서해를 굽어보고 있는데

멀리 서해에서 불어오는 바람에
짭쪼롬한 내음이 타고와 대신 대답을 한다
천수라는 말은 그냥 생긴 것이 아니니
그냥 그대로 나무관음이라고

속인의 가슴에 서해의 햇살이 따사롭다

空中無老死

머나먼 윤회의 길 한가운데
내가 서 있어라

가끔은 나비인지, 잠자리인지, 혹은 파리인지
가끔은 소인지, 개인지, 혹은 멧돼지인지
가끔은 물 속인지, 물 밖인지
또 가끔은 땅속인지, 땅위인지, 허공인지

모든 것이 뒤섞여
혼동스러운 때가 있어라

윤회의 흐름이 한 곡절을 지날 때마다
거기에 머물러 있는 모든 것들을 쓸고 가는데

나는 어느 곳쯤에서 다시금
윤회에서 벗어나, 본래의 길로 들어서리

문득 솔숲에서 소슬바람이 불어오고
뒤따라 목어의 속 울림이 구슬프네

空中無老死(生)

살아있는 모든 것은
지구상에 살아온 수억 년의 세월동안
적응하면서 프로그램된 DNA의 질서에 따라
생겨난 것이 아니랴

새로이 생기는 과정이
한없이 넓고, 깊고, 아득한
사랑의 깊이를 통하여
한 알 씨앗에서 시작하였으리

그 작은 시작에서
마침내 194센티미터의 큰아들이 되었다네
이리 자라기까지 참 많이도 힘들었을
고비고비 닥쳐왔던 고통을 무사히 넘겼지

없는 것에서 태어났으니
당연히 없는 것으로 돌아갈 것인데
이 또한 DNA의 질서에 따라
사랑하므로 같은 DNA의 후손을 남겼으니
돌아가는 것에 미련은 없겠네

空中無老死(老)

한 순간도 내 자신이 늙었음을 생각한 적이 없는데
산비탈 오르막길을 오르며 느낀다
차고 오르는 힘이 많이 부치고
한 번 떨어진 힘을 다시 찾는데 오랜 휴식이 필요하다고

그 때마다 약초를 캔다며
산등성이로, 산비탈로, 혹은 바윗길로
씩씩하게 돌아다니던 시절이 간절한데
마음뿐인가, 다리는 아득도 해라

늙은 말이 마구간에 누워
천리를 달리던 때를 그리워하며
매양 하룻밤에 천리를 달리는 꿈을 꾼다기에
한갓 호사가들의 꾸밈인 줄 알았더니

아니다, 아니다, 아니다
강할수록 약해지는 부정의 힘
그래, 늙어 가는 것은 자연의 이치이거늘
거부한다고 멈출 수 있는 것은 아니지
진시황 그 절대권력으로

수천수만의 사람들을 죽여 아방궁을 지었어도
마침내 죽어 흙에 묻히고
동남동녀 수천으로 찾아 헤맸어도
불로초는 어디에도 없었다지

산비탈 차고 오르는 힘이 부친다는 건
생각해 보면, 자연의 이치를 좇는 것인데
약초 캐러 다니던 때로부터 입때까지
한꺼번에 뛰어넘은 듯한 시간의 간격이
너무 크다고 생각할 뿐이네

空中無老死(病)

새로운 것이란 이질적인 것
언제나 스스로 삶의 길을 열어젖히려 하고
언제나 저만의 길로 통하도록 하려 한다네

스스로 삶의 길을 내면서
먼저 자리 잡은 세포들을 괴롭히거나
혹은 죽이고 있는 것
병이라고, 그렇게 이름하지

사람은 원래 아비와 어미
그 너머의 아득한 조상으로부터
완벽하게 정해진 세포들의 DNA를 물려받아
거기에 너무 익숙해 있던 탓에
새로운 삶의 태동과 몸부림에는 공포가 있다

이 공포로부터 자유로워지려
새로운 태동을 병이라 이름하고
병이란 이름을 붙인 순간부터
또 다른 공포, 죽음의 두려움에 사로잡혀 버렸다

병이란 익숙한 것에 대한 새로운 것의 반항인 것을
두려움으로부터 자유로워지려는 마음인 것을

어떤 이가 암으로 흰 침대위에 실려 수술실로 들어갔다
마취가 이루어지고, 암세포를 제거하는 수술도 이루어질 것이다
이 수술이 끝나면 암세포는 제거될 것인데
익숙해져 있던 삶의 길을 회복하기 위하여
새로운 삶의 길을 막고 죽일 것이다
병을 낫게 하는 것, 그런 것이다

空中無老死(死)

자운봉 좁은 꼭대기에 두발을 딛고
오봉을 바라보며 서 있었네
따가운 여름 햇살이 머리를 뜨겁게 달구고
지나온 산비탈에 흘린 땀방울들이
세차게 심장을 두드리는데

가까이서 보기에 온 몸을 오싹하게 오그라뜨리며
갈망으로 타오르던 오봉의 꼭대기들이
자운봉에서 보기에는 전혀 험악하지 않고
오히려 자유롭고 한가롭게 어울리누나

발끝도 안심스레 비껴 서지 못할 만큼 좁은
자운봉 꼭대기에선 사람들이 바글거리고
이들이 각자 무엇을 위해서인지는 몰라도
사진을 찍느니 어쩌느니 소란하기 장터 같구나

험악한 오봉이 자유롭고 한가로운 건
멀리에서 바라본 탓
자운봉이 좁고 소란스러운 건
내 발을 거기에 딛고 있는 탓

나고 자람이 자운봉 꼭대기의 나일진대
죽고 사라짐은 오봉에서 노니는 내 마음이라
모든 것을 비우고 없애버린 다음에야
태어남도 없는데
어찌 죽음이 있을 수 있겠나

空中無老死盡(1)

그대, 죽음으로 서러워하지 말라
까막까치 허기를 달래는 것으로
혹은 파리 떼가 종족을 늘리는 것으로
혹은 한 떨기 이름 없는 잡초를 키우는 것으로
네 이 세상에 온 소임은 다하였나니

이제 돌아갈 곳에 미련의 그물을 드리우지 말라
한구의 백골로
참빗처럼 촘촘하게 마음을 늘어 세워
바람의 피리를 연주하는 것도
우아한 향기로 빛날 것이네

윤회전생의 기나긴 길 한가운데
어떤 형상인들 그대 아닌 것이 어디 있으리
혹은 한갓 부초처럼 짧게 왔다 가는 것인데
그대인들 또 어찌 그대라 하리

아침에 그대와 더불어 애욕을 탐했다 해도
저녁이면 이미 잊혀진 아득한 전생의 일인 것
언제나 새롭거든, 거기에
그대와 함께하는 것이라 알고 있겠네

空中無老死盡(2)

코스모스 꽃 필 때쯤이면
꽃길을 밟고 돌아오마고
철석같이 약속한 당신이기에
하루, 이틀 … 기억 넘어 기다렸지요
얼마나 오랜 시간을 기다림으로 지샜는지
차마 알 수 없게 된 때에
어느 날 가슴을 더듬어 보고
텅 비어 버린 속을 발견했지요
기다림의 불꽃에 까맣게 타들어가더니
마침내 타다 남은 재마저
바람 따라 멀리 날려가 버리고
바람만 헛되이 들락거려요

아무 말씀 말아 주어요
그냥 내버려 두어 주세요
그대 돌아올 때까지 마냥 이대로
바람 드나드는 가슴으로 살고 싶어요
그대 돌아온 날에
철석같이 믿었음을 보여 주어야 하거든요

空中無老死盡(3)

아득하게 어린 시절
아직 태몽이 짜릿하게 떠오르던 그 때
온 몸으로 익혔던 그 냄새, 그 맛을
십만 리 험악한 여행을 반복하고서도
잊지 못하고, 그리움을 태우며 찾아왔네

세차게 흐르는 누런 황톳물을 거스르고
우렁차게 쏟아지는 폭포도 뛰어넘어
아, 그 영원히 베어 씻길 줄 모르는
냄새와 맛의 뿌리를 찾아왔네

바람은 이미 수백, 수천 번 더 지나가 버렸고
물도 수만, 수십만 번 더 흘러가 버렸고
모래와 자갈 그리고 돌들도 숱하게 바뀌어 버렸지만
그래도 단단히 박힌 냄새와 맛의 기억은 차라리
영원한 숙명의 굴레처럼 인도하였으리

있는 힘을 다하여 돌을 치운 다음
자갈과 모래를 알맞게 골라두고
그 위에 알을 낳을 것이네, 모든 것을 하늘에 맡긴 채

알 수는 없지만, 아마도 수천, 수만의 세대를 이어
이 거룩한 작업을 그만두지 않으리, 연어는
그 기나긴 윤회의 회귀를 멈추지 않으리

空中無老死盡(4)

아이는 얇고 동그스럼한 돌멩이를 모아 놓고
수제비 놀이를 하고 있었다

한 번 던지면 수제비 다섯 개 먹고
두 번 던지면 수제비 세 개 먹고
세 번 던지면 수제비 일곱 개 먹고

동그란 수제비는 만들어지는 쪽쪽
밖으로, 밖으로 퍼져 사라져 갔다
하나든, 두개든 …, 열개든
만드는 쪽쪽 모조리 퍼져 사라져 갔다

아이는 돌을 던질 때
밖으로 퍼져 사라져 가라고
말한 적도 없었고
생각한 적도 없었는데
수제비는 저 혼자 잘도 퍼져 사라지고 있었다

누가 먹어 버렸을까
아이는 밖으로 퍼져 사라져 가는
수제비를 보고 중얼거렸지만
누구도 대답하지 않았고
아이도 내내 알지 못한 채
그냥 수제비만 만들며 놀고 있었다

空中無老死盡(5)

백년의 세월을 태워
마침내 꽃을 피웠다*
이내 사라질 목숨이라
아낌없이 주려 한다네
내 노란 꽃잎이 바람에 날리거든
흘러간 시간이 산화하여
꿈꾸듯 다가온 것이라 하소
이 꽃이 다 지고 나면
말라비틀어진 모습만 남았다가
이내 비바람, 눈보라에 썩어갈 것인즉
속 빈 대공이 서러울 것도 없지
훗날에 이 자리에 내 있었단 기억
되새겨 무얼할까, 모두 잊고
바람의 숨소리나 두드려 주소

* 대나무는 60년~120년 만에 꽃을 피우고는 죽어간다.

空中無苦集滅道(苦集1)

너를 보낸 후
나는 아직도 가슴앓이를 한다
언제쯤 헤어졌는지, 해서
그간 흘러간 시간이 얼마인지
헤아릴 수 없으면서도
언제나 너를 향한 가슴앓이를 한다

사랑했던 것일 게다
미처 알지 못한 모든 것에서
그것이 사랑임을 알지 못한 채
그냥 흘려보낸 모든 것들이
새록새록 가슴앓이를 더 키우는 것을 보면
그것들이 아마도 사랑이었던 게다

단 한 번도 사랑이라고 생각해 본 적이 없는데
여태껏 가슴에 상처로 안고 있는 걸 보면
아마도 지독한 사랑이었던 게다
꼭 말로 확인할 필요가 없었던
그런 사랑이었던 게다
이제 와서 오히려 더 진하게 번지는 불길인 게다

空中無苦集滅道(苦集2)

울 아버지 마지막 가시던 길에
중풍이라는 병으로 쓰러져서 고생을 하셨는데
유모차 한 번 태워 드리지 못하고서
보내 드리고 말았답니다
이제 와서 후회한들 무슨 소용이 있으랴만
후회가 되는 것은 어쩔 수 없는 일
종종 꿈속에서라도 아버지의 중풍든 모습을 보게 되면
가랑이 거꾸로 들고 흔드는 아픔을 느끼며
외마디 비명을 지르다가 벌떡 일어나지요
울 아버지 살아생전에 자식을 위하여
당신 한 몸 고스란히 던지셨는데
자식인 나는 중풍드신 당신을 위하여
운동 한번 시켜드리지 못했네요
소스라쳐 깨어나면 흥건히 젖는 속옷
멍하니 천장을 쳐다보며 눈만 꿈뻑거린다오

空中無苦集滅道(苦集3)

아직 피어 보지도 못한 생명을 가슴에 묻고
내내 피눈물을 흘렸지
영영 구원의 손길을 외면하고
일생을 자학하며 살기로 생각했지

그러나 모진 것이 인생이라고
묻은 것은 시간 속에서 점차 잊혀져 가고
영혼을 달여 만든 한잔의 차 속엔
암갈색 노래가 외눈박이 조각처럼 떠올랐지

어느 날엔가 다시금 밟아갈 길 위에서
너의 작은 생명을 반추하노니
비가 오거나 눈이 오는 날에 찾아와
슬픈 노래가 되어 주면 좋겠네

空中無苦集滅道(苦集4)

대입 삼수를 하고도 대학에 떨어졌을 때
머릿속은 하얗게 비어 있었다
후기 대학들이 입학지원서를 송부해 주며
4년간 전면 장학금을 준다고 해도
가고 싶다는 생각이 전혀 없었다
이미 하얗게 비어버린 머릿속엔
장학금 따위가 전혀 들어오지 않았다
실은, 그 장학금이 가장 현실적인 대안이었을지도 모르는데

그간 남들은 잘도 가는 대학에
세 번씩이나 떨어지는 것은, 아마도
능력에 벗어나는 욕심을 부린 탓일 게다
스스로를 달래기엔
아버지, 어머니의 속이 숯처럼 까맣게 타는 것이 보였다

이제 지천명의 세월을 맞이하고
직장 생활을 하면서 무수히 많은 사람들을 당해 보면서
그리고 무엇보다
아버지, 어머니를 이 세상에서 놓아드리면서
아, 그게 그렇게 욕심을 낼 것이 아니었음과
그간의 아픔은 스스로 불러온 것이었음을 깨닫는다

空中無苦集滅道(苦集5)

미국산 광우병 쇠고기 수입 가능성을 비판하며
서울 시내 도로를 점거한 채 촛불시위를 하던 중
일부 과격분자들이 경찰에 쫓겨 조계사로 피신하였겠다

피신해 있는 시위꾼들을 잡겠다고
경찰들을 조계사 주변에 포진하고
드나드는 사람들이 누구이든 막론하고
철저히 검문하도록 하였겠다

물정 모르는 쫄병 경찰 두셋이
조계사를 나오는 큼직한 차를 검문하는데
조계종 총무원장이 승차한 차라고 밝혔는데도
총무원장 차이니 더 철저히 하여야 한다고
차 트렁크까지 모조리 뒤졌겠다

딴은 엄정하게 법을 적용한다고 했을진대
검문 받는 사람은 창졸간에 당한 일이라
상당히 기분이 상했던 모양
경찰청장이 퇴진해야 한다고 주장했다누만

세상에서는 조계종 총무원장쯤 되는 사람이
검문 당했다고 쪼잔하게 그게 뭐냐며
입들을 놀리며 방아를 찧어댔다지

세속을 떠나서 수도를 하는 사람이라도
그 존재감을 인정해 주지 않으니
심히 화가 나는 모양인데

아서라, 존재감이란
겨자씨보다 작은 것을 뽐냄에 지나지 않으니
털고 나면 波羅세계가 바로 발 앞에 놓여있지 않은가

空中無苦集滅道(苦集6)

영혼을 묶은 끈의 한 끝을 잡고
나는 그대의 삶을 감지한다

끈을 통하여 전해 오는
잔잔하고 미세한 떨림에
온 몸에 잔털들이 곤두서는 듯한데
돌아보니, 그대는 없구나

그날, 다시는 돌아오지 못할 줄 알면서
돌아서 가는 그대의 등 뒤에서
혼자 손으로 부르며, 숨을 꺽꺽거렸지
굵은 뼈 조각이 걸린 듯이
내내 심하게 울대를 쳐대던 기억
지금도 생생하게 심장을 두드리네

그대가 떠난 후 지금까지 나는
그대가 떠났음을 알지 못하고
늘 함께 하는 것으로 생각했지
지금도 나는, 오지 않을 것을 뻔히 알면서도
그대를 기다리는 마음 끝이 없구려

空中無苦集滅道(苦集7)

아들이 공부를 하지 않는다고
이런 저런 말로 타일렀지요
왜 공부하지 않았는지 설명을 하는데
알듯 알듯 하면서도 알 수 없어서
공부가 인생에서 얼마나 중요한지 예를 들어가며
다시 한 번 설명을 했지요
열심히 설명하는데, 아들의 눈치를 보니
매우 싫어하는 모습이었지요
화가 더욱 돋아나 버럭 소리를 지르며
몇 대 쥐어박았지요
다 큰 녀석이라, 오히려 내 손이 더 아프데요
아들은 아들대로 도대체 아비를 이해할 수 없다는 표정이네요
더욱 화가 나 마구 주먹을 휘둘러댔지요

시간이 지나고, 아들 보기가 심히 겸연쩍어
알게 모르게 눈을 돌리고 맙니다
그렇게 심하게 하지 않아도 되는 것을
다 내 욕심에 불과한 것을
제는 제대로 생각이 있어 그리하는 것을

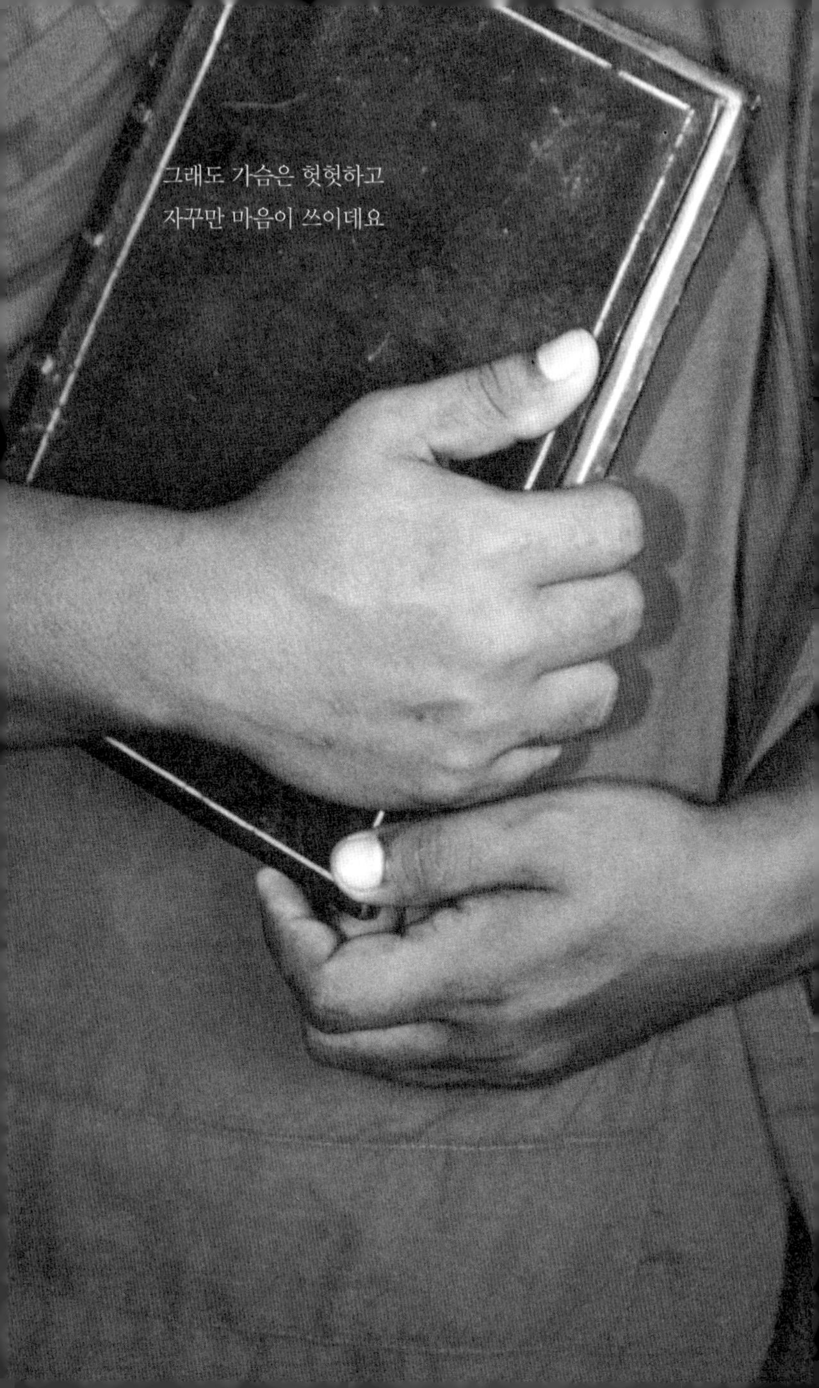

그래도 가슴은 헛헛하고
자꾸만 마음이 쓰이데요

空中無苦集滅道(苦集8)

아파트 가격이 자꾸 오르니
속이 너무 쓰리고 아팠지요
공연한 일에 화가 나고
자잘한 것에 짜증이 나곤 했지요

내가 가진 아파트 가격이 조금씩 상승하니
기분 좋은 웃음이 절로 났지요
웬만한 일에는 화도 나지 않고
짜증날 만한 일이 있어도 그냥 넘기곤 했지요

남의 집과 내 집이 이렇게 다르데요
누가 가르쳐 준 것도 아닌데
가끔은 이런 내가 겸연쩍기도 하지만
인지상정이거니, 넘기고 말지요

空中無苦集滅道(苦集9)

언젠가 아침 식사를 할지를 놓고
마늘과 다투었어요
정말 아무 것도 아닌 일이었지요
아침이야 한두 번 먹지 않을 수도 있는 일인데
그것이 왜 그리 노여웠을까요

지금에 돌이켜 보며
그 때 그 아침식사 사건을 이야기하는데
하하 웃지만, 쑥스럽지요

다 이래요, 우리네 싸움의 가장 흔한 재료가
더 큰 것은 싸움의 재료가 될 수 없어요
상대에게 큰 상처를 줄까 겁이 나서이지요
상대에게 큰 상처를 입히면
내게는 더 큰 상처가 생기거든요

空中無苦集滅道(滅道)

생각해 보면, 내가 성내거나
즐거워하거나, 애달파하거나
슬퍼하거나, 분노하는 모든 것들이
매우 작고 사소한, 마치 겨자씨만한
것들이 대부분임을 안다

이 각각의 것들을 누그러뜨려 줄 것을
모조리 가진다해도, 일시적으로 누그러질 뿐
또 다시 일상의 그러한 감정 속에서
허덕거리며 살아감을 안다

무엇인가, 내가 이런 삶에서 벗어날 수 있는 길은

겨자씨를 한 개 더 보탠다고
무명씨가 될 수 없고
물 한 모금 덜어 낸다고
세상의 물이 없어지지 않고
너의 작음을 증명한다고
나의 큼이 드러나는 것이 아니니

겨자씨 한 알을 다투지 말고
한 모금 물로써 겨루지 않고
너와 나의 구분을 짓지 않았음 좋겠네

산은 산이요, 물은 물이려니와
산이 산이고 물이 물이기까지
걸어야 하는 길은 멀고도 험한 것
이 험한 길을 가는데
모두 함께 한다면 좋겠네

空中無智

어머니, 당신은 당신의 모든 것을 바쳐
저를 키우셨음에도, 늘 미안해하셨습니다
무엇인지 해 준 것이 부족하다고
남들만큼 해 주지 못해 안 되었다고
늘 그렇게 스스로를 다그치셨습니다

어머니, 당신은 당신이 죽는 그 순간까지
나에게 무엇인가를 주고자 하셨습니다
산소호흡기를 낀 채로 눈을 끔뻑이시던 모습
그건 무언가 나에게 메시지를 주는 것이었습니다

그러나 어머니, 나는 당신의 뜻을 알지 못하였습니다
아직도 나는 당신의 그 마지막 끔뻑이심이
무슨 뜻이었는지 곰곰이 생각해 보곤합니다
그래도 알지 못하여 이내 고개를 가로젓고 말지요

어머니, 당신은 지금 한줌 흙으로 돌아가셨을 테니
자식 된 도리로 내가 무얼 더 바라리까만
아직도 당신이 내게 주고자 했던 그 무엇이
무엇이었는지 알지 못해 답답한 때가 많습니다

아, 어머니, 당신의 큰 사랑 앞에서
자식은 여전히 아는 것이 너무나 없나봅니다

空中無得

태양이 빛나는 대낮엔
달이 빛을 내지 못한다
달은 해가 서녘으로 지고부터
그 빛을 널리 비춘다

달이 환히 비치는 곳에
형광등이 켜져 있기로
그 넓게 비추는 모습을
어이 달밝음에 비할 수 있으리

형광등이 밝게 빛나는 거실에
촛불을 밝혔기로
그 밝기는 어렴풋하여
켜나마나 할 뿐이다

촛불이 밝혀져 있는 곳에
반딧불이 한마리가 날아든들
촛불의 밝기를 덮을 수 있으랴

세상의 이치가 그러하듯
작은 것으로 큰 것을 덮지 못하고
큰 것 속에 든 작은 것은
그 존재를 드러내 보일 수 없는 것이라네

空中無所得

세상 모든 것들이 커다란 깨우침에 비하면
참으로 보잘 것 없는 것이 아닌가

원하는 바를 얻거나 얻지 못하거나
사랑으로 그리워하거나
미움으로 속상해하거나
가진 바를 빼앗김으로 성내하거나
남과 다투어 이기거나 혹은 지거나
달아서 삼키거나 혹은 써서 뱉거나
부모나 자식을 잃는 것이나
태어나고 늙고 병들고 마침내 죽거나
무지하건 혹은 지식을 쌓아 분별력이 생기건
세상살이에서 뜻한 바를 이루거나 말거나

그 고통이나 기쁨 혹은 성취감이라는 것이
일수유에 지나지 않으며
언제나 타는 목마름을 적시려는 듯
갈구하고 또 갈구하게 되는 것이니

그러므로 영구히 변함이 없고
아픔이나 기쁨, 슬픔이나 즐거움이 융통무애하여
언제나 물 흐르듯 거침이 없는
큰 깨달음(크게 얻음)에 견주면
태양에 달을 비추는 것 같고
달에 촛불을 비추는 것 같고
촛불에 반딧불을 비추는 것 같아

그러므로 큰 깨달음 속에서는 모든 것들이
그 존재의 의의를 잃게 되는 것인즉
무얼 얻었다 하고
무얼 잃었다 할 것인가

終章

그러므로 보리살타는 큰 지혜에 의지하여
피안으로 건너가며
그런 까닭에 마음에 거침이 없고
마음에 거침이 없으니 어떤 두려움도 없이
뒤바뀐 몽상에서 멀리 떨어져
마침내 열반을 궁구하게 되는 것이라
(菩提薩陀 依般若波羅密多 故心無罣碍 無罣碍故
無有恐怖 遠離顚倒夢想 究竟涅槃)

이로써 전생(과거), 이승(현재) 및 내세(미래)의
모든 부처들이 큰 지혜에 의지하여
피안으로 건너가 최고의 바른 깨달음을 얻었은즉
(三世諸佛 依般若波羅密多 故得阿耨多羅三漠三菩提)

그것은 반야바라밀다로서 이는 크게 신비하고 더할 나위 없으며 견줄 만한 것이 없는 주문인바, 능히 일체의 괴로움을 없애고 진실하고 헛되지 않은 반야바라밀다주문을 말씀하셨으니 이 주문은 곧 다음과 같다

(故知般若波羅密多 是大神呪 是大明呪 是無上呪 是無等等呪 能除一切苦 眞實不虛 故說般若波羅密多呪 卽說呪曰)

아제아제 바라아제 바라승아제 모지 사바하

(揭諦揭諦 波羅揭諦 波羅僧揭諦 菩提 娑婆訶)